공부의 감각

공부의감각

초판 1쇄 발행   2022년 12월 27일

기획   허병민
번역   박은선
편집   김영신

펴낸곳   마인더브
주소   서울시 광진구 아차산로 375(B1, 105호)
전화   02-2285-3999
팩스   02-6442-0645
인쇄   두경M&P
이메일   kyoungwonbooks@gmail.com

ISBN 979-11-975823-4-9 (03190)
정가 13,800원

공부에
엣지를
더하다

공부의 감각

허병민 기획 · 엮음 ― 박은선 옮김

마인더브

당신에게 필요한 모든 것은,
이미 당신 안에 있다

나는 어떻게 공부하는가

"작가님, 요즘 무슨 책 읽으세요?"
"어떤 책을 읽어야 할까요? 책 좀 추천해주세요."
작가로서 가장 많이 받는 질문 중 하나입니다.

작가 겸 기획자이다 보니,
순수하게 독서욕 때문에 책을 읽는 경우도 있고,
순수하게 기획욕 때문에 책을 읽는 경우도 있습니다.

정독, 속독, 발췌독, 통독,
음독音讀, 묵독默讀, 나아가 적독積讀까지.

읽는 스타일은 콘텐츠의 수준에 따라,
그날의 제 기분이나 상태에 따라,
철저하게 제 방식대로,
제 마음대로 자유자재로 혼용합니다.

끌리거나 동하지 않으면 목차와 서문만
뚫어지게 보다가 덮는 경우도 있고,
책 뒤에 수록돼 있는 참고문헌만
들입다 파고들 때도 있지요.
어디까지나 주관적인 가치판단의 문제입니다.

활자에 지쳐 있을 땐,

활자가 미치도록 지겨울 때

만화책이나 사진집만 일주일 내내 볼 때도 있고,

며칠 혹은 몇 주간

책을 아예 멀리할 때도 있습니다.

요컨대, 복잡할 게 없다는 것.

심플하게 접근하면 됩니다.

내키면 하고, 내키지 않으면 안 하고.

안 한다고 해서 '뒤떨어진다'고 생각할 필요도 없습니다.

'지식'과 '지혜'는 동의어가 아니니까요.

남이 무엇을 읽든, 굳이 관심을 가질 필요가 없습니다.

잘나가는, 소위 '베스트셀러'에 목매지 않아도 되고요.

읽고 싶을 땐 뽕을 뽑듯 원 없이 읽고,

읽고 싶지 않을 땐 다 잊어버리고 다른 것들을 하면 됩니다.

책 안 읽는다고 죄책감을 가질 필요도, 이유도 없습니다.

독서는 온전히 나를 위해 하는 것.
고로 내가 하고 싶을 때,
내 방식대로 하면 됩니다.

그런 의미에서 이 책도 딱,
그렇게 접근해 살펴봐주시면 좋겠습니다.
굿 럭!

2022년 12월
Talent Lab 서재에서
허병민

차례

|프롤로그| **당신에게 필요한 모든 것은, 이미 당신 안에 있다**

나는 어떻게 공부하는가 ⋯⋯⋯⋯⋯⋯⋯⋯⋯⋯⋯⋯ 4

01 책을 덮고 책상을 떠나 움직여라 ⋯⋯⋯⋯⋯ 15
　　피코 아이어

02 무언가를 이루려면 일단 시작하라 ⋯⋯⋯⋯⋯ 21
　　라지 라구나탄

03 지식의 저주와 환상에서 벗어나라 ⋯⋯⋯⋯⋯ 31
　　에드워드 테너

04 찾고, 적고, 반복하라 ⋯⋯⋯⋯⋯⋯⋯⋯⋯⋯⋯ 43
　　스티브 풀러

05 작은 단위로 하나씩 하나씩 해나가라 ⋯⋯⋯ 55
　　하워드 모스코비츠

공부의 감각

06 공부하고 배우는 것은 게임과 다르지 않다 ⋯⋯⋯ 67
대니카 퍼그

07 리듬을 일정하게 유지해야 한다 ⋯⋯⋯⋯⋯ 77
에두아르도 살세도-알바란

08 찰나의 반짝이는 아이디어를 놓쳐서는 안 된다 ⋯⋯⋯ 89
스콧 하틀리

09 모든 것에 호기심을 가져라 ⋯⋯⋯⋯⋯⋯ 101
마이클 바스카

10 아이디어를 친한 친구로 만들어라 ⋯⋯⋯⋯⋯ 113
데이브 울리히

공부의 감각

11 나만의 것을 만들기 위해 분류하고 정리하라 ┈┈┈ 123
애런 마커스

12 공부를 잘하고 싶다면 음악과 친구가 되어라 ┈┈┈ 135
제임스 크로크

13 좋아하는 것을 배운다는 건 인생을 배우는 것이다 ┈┈┈ 145
스테판 부커

14 즐거움을 찾아라, 아니면 만들어라 ┈┈┈ 159
에바 블로다레크

15 왜 공부하고 있는지 기억하라 ┈┈┈ 169
마이클 포셀

16 모든 것은 목적을 가지고 시작해야 한다 ┈┈┈ 181
케빈 로버츠

보충 학습

결국, 최고의 공부법은 예습과 복습이다 ……………… 189
앤서니 아탈라

공부하기 전에 잠시 낮잠을 자라 ……………… 191
다니엘 윌 해리스

스마트 기기를 활용한 업무관리 시스템을 만든다 …… 193
마이클 그레거

쉼이 필요하다 ……………… 195
스테판 사그마이스터

좌뇌가 하는 일을 우뇌로 전달하라 ……………… 197
제임스 크로크

작은 행동 하나로 슬럼프에서 벗어날 수 있다 …… 204
체스터 엘튼

Pico Iyer

피코 아이어

피코 아이어는 세계적인 베스트셀러 작가이다. 2편의 소설과 10편의 논픽션을 썼으며, 대표작으로는 《Video Night in Kathmandu》, 《The Lady and the Monk》, 《The Global Soul》을 비롯하여 1974년부터 알고 지낸 14대 달라이 라마에 관한 베스트셀러 도서 《The Open Road》 등이 있다. 또한 TED에서 고요함, 지식의 한계 등에 관한 강연을 했고, 그 강연 내용으로 발간한 두 번째 책 《여행하지 않을 자유(The Art of Stillness)》가 베스트셀러에 오르기도 했다. 이 책은 한국어를 포함한 18개 언어로 번역되었다.

그는 지난 30년간 영화 시나리오와 레너드 코헨(Leonard Cohen)의 라이너 노트, 실내 관현악단을 위한 가극, 여러 책의 서문 등을 썼으며, 《타임》, 《뉴욕타임스》, 《베니티 페어》, 《내셔널 지오그래픽》 등에 지속해서 기고하고 있다. 영국 옥스퍼드에서 태어나 이튼 스쿨을 거쳐 옥스퍼드대학교와 하버드대학교에서 수학한 그는 채프먼대학교(Chapman University)의 공로자로 선정되기도 했다.

책을 덮고
책상을 떠나
움직여라

　34년간 책 쓰는 일을 업으로 삼고 거의 매일 책상에 앉아 살아오면서, 내가 배운 것이 한 가지 있다. 내가 쓴 최고의 글은 책상에서 멀리 떨어져 있을 때 나왔다는 것이다.

　글을 쓰기 시작하면서, 나는 오직 노트에 글을 쓰는 데만 집중하면 더 좋은 글이 나오리라 믿었다. 공부와 인생에는 지름길이 없으니, 자료를 정리하고, 전체 구성을 짜고, 자료의 사실 여부를 세세히 파악하여 쓰고 또 쓰는 것이 당연하다고 생각했기 때문이다.

지금까지 글을 읽고 쓰면서 살아왔지만, 내가 깨달은 바는 일하지 않고 책상 앞을 떠나 있을 때에 상상력이 비약적으로 폭발한다는 것이다. 아마 그렇기 때문에 유명한 금융가 J.P 모건 역시 "1년치 일은 10개월이면 끝낼 수 있지만, 12개월 동안 하는 것은 불가능하다"라며 매년 2달은 의식적으로 휴가를 보냈을 것이다. 그리고 빌 게이츠가 자신만을 위한 자유 시간을 마련한 것도 마찬가지이다. 그 시간이 있었기에 사업과 관련한 혁신적인 결정들을 해낼 수 있었던 게 아닐까 싶다. 스티브 잡스가 돌파구를 찾기 위해 긴 산책을 했다는 사실도 같은 맥락으로 이해할 수 있다.

노벨상 수상자인 대니얼 카너먼이 60년간 인간의 행동을 연구한 끝에 얻은 결과는, 계산과 같은 몇 가지 일은 가만히 앉아 있지 않으면 하기 어려운 일이지만걸어 다니면서 164×56 같은 계산을 할 수 있는 사람들이 몇이나 되겠는가 새로운 사고를 하고 영감을 떠올려야 하는 일들은 오히려 걸어 다니는 상황에서만 가능하다는 것이었다.

그러므로 내가 꼽는 최고의 공부 습관은 매일 두 번의 긴 산책, 그리고 언덕길 너머에 있는 헬스장에서 러

닝 머신을 40분 하고 다시 집으로 걸어서 돌아오는 것이다. 이때가 내가 내 생각에 귀를 기울이는 시간이다. 목줄 풀린 강아지처럼 내 마음을 자유롭게 뛰놀도록 놔두면, 돌아갈 때는 예상치 못한 보물 같은 생각을 얻게 된다. 이때가 내가 책상 앞에서는 얻을 수 없었던 영감을 얻는 시간이다. 나는 산책하러 갈 때마다 펜과 공책을 들고 다니면서 유명한 작가 필립 로스가 한 말을 떠올린다. "나는 0.5마일을 걸을 때마다 책의 한 페이지를 써낸다."

내가 학교에 다닐 때는 상상할 수 없는 일이었지만, 지금은 믿어 의심치 않는 것이 있다. 그것은 바로 내가 할 수 있는 최선은 그 일을 전혀 생각하지 않을 때 나온다는 사실이다. 신기하지 않은가. 공부를 위한 이상적인 방법이 잠시만이라도 책에서 눈을 떼고 책상을 떠나 방 안을 걷거나 주변을 산책하는 것이라는 사실이.

공부를 잠시 내려놓으면, 진정한 공부가 찾아온다.

Raj
Raghund

라지 라구나탄

han

라지 라구나탄은 미국 텍사스대학교의 맥콤 경영대학원 마케팅 교수이다. 그는 사람들의 판단과 결정이 그들의 행복과 성취에 미치는 영향을 탐구하는 데 관심을 가지고 있다. 라지의 저술은 유명 저널에 다수 수록되었고, 《애틀랜틱》, 《뉴욕 타임스》, 《포춘》, 《포브스》, 《하버드 비즈니스 리뷰》, 《패스트 컴퍼니》, 《LA 타임스》 등을 포함한 주요 미디어에 인용되었다. 라지는 오늘의 심리(Psychology Today) 사이트의 사피엔트 네이처(Sapient Nature)라는 블로그에 행복, 창의력, 리더십에 대한 자신의 견해를 올리고 있으며, 페이지당 100만 뷰 이상의 큰 인기를 누리고 있다. 6주간 진행되는 '행복과 성취의 삶(A Life of Happiness and Fulfillment)' 이라는 주제의 행복에 관한 그의 코세라(Coursera) 코스는 196개국에서 20만 명의 학생들이 수강하였고, 2015년에 탑 무크(MOOC, 온라인 공개강좌)에 올랐으며, 역대 최고의 무크 50에 든 강좌이기도 하다. 라지의 책 《왜 똑똑한 사람들은 행복하지 않을까?(If You're So Smart, Why aren't You Happy?)》는 2016년 봄에 미국, 영국, 인도에서 출간되었고 이후 한국어를 포함한 12개 언어로 번역, 출간되었다.

무언가를 이루려면 일단 시작하라

우디 앨런Woody Allen, 나이키Nike, 뉴턴Newton의 공통점은 뭘까? 아마 공통점을 찾기 어려울 것이다. 하지만 나는 무려 18년 전에 셋 사이의 아주 흥미롭고도 유용한 연관성을 발견했다이 연관성은 내가 박사 학위를 받는 데 매우 결정적인 도움을 주기도 했다.

나는 텍사스대학교의 조교수로 사회에 첫발을 내디뎠다. 박사 학위를 받는 것이 전제된 상황이었기에 우선은 임시직이었다대학에서는 학위를 받기 전에 취직이 되는 경우도 있었다. 박사 학위를 받기까지 4개월 동안 끝내야 하는 일들이 몇 가지 있었는데, 그것은 문학 비평 쓰기, 두 가지의 새로운 연구 수행하기, 새로운 연구에서 방법론적으로 도출되는 결과물을 통합하기 등이었다. 이 모든 일을 마쳐야 한다는 것을 알았지만 시작하기가 어려웠다. 어찌됐든 취직은 된 상태여서 빨리 해야 한다는 동기부여도 되지 않았다.

그때 내가 깨달은 것이 우디 앨런, 나이키, 뉴턴 사이의 흥미로운 관계였다. 이 관계에 대해 말하기 위해서는 1970년대로 거슬러 올라가야 한다. 그 당시 우디 앨런은 맨해튼의 한 재즈클럽에서 바이올린 연주를 했었다고 한다. 당연히 그도 연주하기 싫은 날들이 있었지만 그동안 계속 해온 일이었고, 관객은 물론 다른 멤버들도 그가 오기를 기다리고 있었으므로 어떻게든 스스로 동기부여를 해서 가야만 했다. 그는 "도착하는 것만으로도 80%는 된 거다!"라고 스스로 주문을 외우며 겨우 클럽에 도착했다고 한다. 그렇게 하자, 나머지는 저절로 해결되었다. 즉, 앨런은 어떻게든 재즈바에 도착하기만 하면 밴드에서 자기 역할을 무리 없이 해내게 될 것을 알았던 것이다.

이러한 '시작이 반이다'라는 생각은 뉴턴의 제1법칙과 연관된다. 제1법칙은 '움직이는 물체는 계속 움직이고자 한다'이다. 다르게 말하자면 어찌 됐든 한 발을 내디디면 '관성'에 따라 계속 움직여 완성에 이른다는 것이다. 나이키가 밀어붙인 성공적인 슬로건 "Just do it!" 또한 비슷하다. 이 슬로건은 생각만 하지 말고 "그냥 시작하라"고 말한다. 그렇게 함으로써 성공적으로 끝낼 가능성을 더 높이는 것이다.

이렇게 우디 앨런과 뉴턴 그리고 나이키가 하나로 연결되는데, 그렇다면 이 생각이 맞다는 것을 증명할 만한 실제 사례가 있을까? 실제로 이미 시작했다는 느낌만으로 끝날 기미가 보일까?

이런 가설을 실험하기 위해 동료인 수나이나와 잉이 다음과 같은 실험을 함께 진행했다. 한 그룹에게는 실험이 '현재 진행 중인' 상황이며 이미 '첫 부분'이 끝난 상태라고 말해줬다. 또 다른 그룹에게는 실험이 '진행 준비 중인' 상황이며 이제 곧 시작될 것이라고 말해줬다. 이 두 가지 상황에 놓인 참여자들에게 상대 참여자들이 준비될 때까지 약 5분간 기다리면서 낱말 맞추기 같은 '부가적인 일'을 수행하게 했다.

우디 앨런과 뉴턴 그리고 나이키의 말이 맞다면 '현재 진행 중인 실험'에 놓인 참여자들은 이미 실험이 시작되었다는 생각으로 다음과 같이 행동해야 한다.

부가적인 일을 수행하고 있다.

임무를 더 빨리 시작한다.

낱말 맞추기를 더 많이 완성한다.

그리고 그 결과는… 예상대로였다.

이러한 결과를 공부에 적용하면 어떻게 될까? 어떻게든 공부를 시작하기만 하면, 얼마나 많은 양을 공부하려고 하는지, 궁극적인 목표가 무엇인지예를 들어, 좋은 성적이나 시험 합격 등에 상관없이 우리는 더 많은 것을 성취할 가능성이 높다. 이는 내가 박사 학위의 마지막 단계에 있을 때 알게 된 것이다. 나는 우디 앨런의 "도착하는 것만으로도 80%는 된 거다!"라는 말로 동기부여를 했고, 나이키의 명언 "Just do it!"을 따라 하며 곧장 사무실로 갔다. 그리고 그렇게 함으로써 뉴턴의 말이 옳았음을 깨달았다. '움직임'의 관성이 그날의 나를 이끌어 결국 제시간에 박사 학위를 딸 수 있게 만들었다.

이제 이 '점프 스타트_{Jump Start} <small>외부의 힘의 원천으로부터 공급받아 빠르고 강력하게 시작하게 되는 것</small> 가설'을 제대로 활용할 수 있는 세 가지 팁을 주겠다.

첫째, 비록 지금 하려고 하는 일과 직접적인 관련이 없다고 해도 어떤 행동은 당신의 감각을 깨우는 것이 될 수 있다. 예를 들어, 온라인으로 기사를 읽어야 한다면 노트북을 켜는 행위 자체가 '점프 스타트'가 될 수 있다. 일을 끝내기 위한 '첫발'인 셈이다. 다른 예를 들자면, 어떤 보고서를 읽은 후 리뷰를 써야 할 때 요약본을 읽는 행위도 일을 끝내는 촉진제가 될 수 있다. 물론 '첫발'을 내딛는 행위는 해야 할 일과 직접적이지는 않더라도 어느 정도 관련성이 있어야 한다. 캔맥주를 따는 행위 따위는 일을 하는 데 있어 '첫발'이 되기 어렵고 그저 취기만 올라오게 할 테니 말이다.

둘째, 회피하기보다는 감정적으로 만족스러운 한두 가지의 일부터 일단 시작하는 것이다. 이유는 명백하다. 즐기면서 할 수 있는 일은 더 쉽게 할 수 있기 때문이다. 이렇게 시작하면 아무리 회피하고 싶은 일이라도 일단 '점프 스타트'가 되어 그 일을 완수하는 데 큰 도움이 된다. 그러나 여기에는 두 가지 주의사항이 있다. 첫 번째 주의사항은 즐거운 일에만 열중하여 하기 싫은 일을 무한정 미루는 것이다. 그것이 일을 질질 끌게 만드는 지름길이 될 것임은 말할 것도 없다! 기피하고 싶은 일대개 이런 일들이 중요한 일이다을 하기 전에 오직 한두 가지의 일로 즐거움을 갖는 것에 만족하라. 이것을 잘 이겨내고 하기 싫은 일을 해낸다면, 해야 할 일을 계속 이어갈 수 있는 동기부여가 될 것이다. 두 번째 주의사항은 몇 가지 하고 싶은 일을 끝내고 자만하여 일을 다시 시작하기 전에 자신에게 지나칠 정도의 휴식을 주는 것이다. '첫발'을 내디딘 후에 휴식을 취하면 먼저 끝냈던 일로 시작된 관성이 사라지게 된다. 그래서 수나이나와 잉 그리고 나는 휴식을 취하기 전에 다음 일을 빨리 시작해 하기 싫은 일을 최소한 하나라도 더 끝내려고 노력했다.

가장 중요하다고 할 수 있는 마지막 팁은 '완벽함'보다는 '괜찮음'을 목표로 가지라는 것이다. 다양한 연구 결과를 보면, 우리는 일을 시작할 때는 완벽함을 목표로 한다. 완벽함은 괜찮음의 적이다. 사실 괜찮음도 과하다. 그저 시작하는 것을 목표로 삼아도 된다. 시작이 전부다!

이 책은 공부에 관한 팁에 초점을 맞추고 있으므로 나는 여러분에게 공부와 관련된 '점프 스타트'를 위한 방법들을 알려줬다. 이것은 다른 상황에도 유용하게 적용될 수 있다. 나는 박사 학위를 받는 데 이 개념이 얼마나 도움이 됐는지 깨달은 후에, 인생에서 몇 가지 큰 일들을 성취하는 데도 '점프 스타트'를 활용해왔다. 이 글을 쓰는 것도 마찬가지이다. 수나이나와 잉 그리고 내가 함께 쓴 논문의 개요를 다시 읽으면서 나는 이 글을 쓰기 시작했는데, 내가 깨닫기도 전에 이미 내 손에는 이 글의 초안이 들려 있었다.

Edward Tenner

03
에드워드 테너

에드워드 테너는 전 세계적으로 인정받은 작가이다. 대표작으로, 《Why Things Bite Back: Technology and the Revenge of Unintended Consequences》와 《사물의 역습(Our Own Devices: How Technology Remakes Humanity)》, 《The Efficiency Paradox: What Big Data Can't Do》 등이 있다. 《뉴욕타임스》와 《애틀랜틱》을 비롯한 여러 신문과 잡지들에 기고하고 있으며 미국, 캐나다, 유럽의 공영 TV와 케이블방송의 초대 손님으로 활동하고 있다. 시카고에서 태어나 프린스턴대학교를 졸업하고 시카고대학교에서 박사 학위를 받았다. 원래 유럽 역사가 전공이었으나 프린스턴대학교 출판사에서 자연과학 및 역사 분야 편집위원으로 일하다가 1991년에 구겐하임(Guggenheim) 연구재단의 연구원이 되었다. 현재는 프린스턴 대학교에서 자연과학, 인문학, 사회과학부 초빙교수로, 스미스소니언 레멜슨 연구센터(Smithsonian's Lemelson Center for the Study of Invention and Innovation)의 특별연구원으로, 럿거스(Rutgers)대학교 역사 학부 초빙교수로 일하고 있다. TED 콘퍼런스와 마이크로소프트, 인텔, AT&T, 미국의 주요 벤처 캐피탈 회사, 세계적인 보안 콘퍼런스 등에서 강연했으며, 출판 기술부터 농업 연구에 이르는 다양한 주제를 다루고 있다.

지식의 저주와 환상에서 벗어나라

1960년대 초반, 내가 대학원생일 때는 컴퓨터가 아직 펀치카드천공 카드라고도 하며, 데이터를 보여주기 위해 규칙에 따라 직사각형 모양의 구멍을 뚫어 사용하는 종이 카드. 초기 저장매체로 사용로 작동하는 시대였고, 대학가에서 가장 흥미로운 혁신이라면 제록스 복사기 정도였다. 저명한 신학자였던 프린스턴대학교의 한 초빙교수는 복사기로 책 전체를 수백 부나 복사했고, 최근 들려오는 이야기에 따르면 아직도 가정신학교로 운영 중인 자기 집에 보관 중이라고 한다.

그런 책들을 살 여유가 없어서였는지도 모르지만, 내

가 추측건대 다른 이유도 있었을 것이다. 공부를 좋아하는 사람들이 항상 가지고 있는 과제, 즉 지식에 대한 환상 말이다. 이 복사기책 전체가 아니라 일부 몇 쪽만 복사하는 용도와 함께 1960년대에 나타난 또 다른 혁신이 있는데, 그것은 바로 노란색 형광펜이었다. 나 역시 노란색 형광펜으로 교과서 곳곳에 밑줄을 치며 어지간히 색을 입혔던 기억이 난다. 이 두 가지 모두 우리가 읽은 것을 이해한다고 착각하게 만드는, 공부와 연관된 전형적인 행동들이다.

최근에는 우리가 읽은 것을 이해했다고 착각하게 만드는 것들이 더 생겨났다. 예를 들어 1960년대의 제록스 복사기는 복사물이 오히려 실물보다 더 좋아 보이게 하는 효과까지 있었다. 색이 바랜 케케묵은 신문도 복사하면 아주 멀쩡한 새 종이처럼 보였다. 그런데 지금은 더 세련된 수단이 등장했다. 바로 전자책이다. 독자들이 그 안에 마음대로 밑줄을 그을 수도 있고 중요하다고 표시도 할 수 있어 나중에 편하게 확인할 수 있다. 뿐만 아니라 선호하는 서체를 선택하여 가독성을 높일 수도 있다. 그러나 인지심리학자들은 표시한 부분을 다시 읽는다고 해서 이해가 더 잘되기는커녕, 오히려 형식적으로 익숙해지기만 한다고 말한다. 그리고 노트북도 있다. 강의를 들을 때 노트북을 사용하면 강사의 말을 정확하게 다 받아 적을 수 있다. 그러나 인지심리학자들은 우리가 펜과 종이로 받아 적을 때, 축약하고 부연하고 그림을 그려 넣으면서 더 좋은 성적을 낸다고한다. 더불어 조악한 서체로 쓰인 텍스트가 읽기 좋은세련된 서체보다 더 기억에 남는다고도 한다. 연구자들은 이러한 현상을 '비유창성disfluency' 혹은 '바람직한 어려움desirable difficulty'이라고 부른다.

인터넷에서 정보를 쉽게 얻는다는 것은 그 자체로 모순을 낳는다. 전화번호와 같은 단순한 정보를 더 이상외울 필요가 없다는 따위의 문제가 아니다. 정기적으로검색 엔진을 사용하는 행위 자체가 우리가 알고 있는지식에 대해 과신하게 만든다는 점이 문제이다. 한 연구에서, A그룹에게는 지퍼가 어떻게 작동하는지에 대한 설명을 제공했고, B그룹에게는 지퍼가 어떻게 작동하는지에 대한 설명을 검색 엔진을 통해 직접 찾게 했다. 그러고 나서 A그룹과 B그룹에 지퍼와 관련 없는 다른 주제를 제시했을 때, B그룹은 이전에 검색 엔진을 사용했다는 경험만으로 검색 엔진을 사용하지 않은 A 그룹보다 자신들의 지식에 더 큰 자신감을 나타낸다는 사실을 알게 됐다. 휴대폰 같은 모바일 기기로 언제 어디서나 검색이 가능하지만, 실상 그 안에는 숨어 있는 문제점들이 많다. 소프트웨어 회사들은 인간이 모든 것을 알고 지배하는 세상을 만들 것처럼 홍보해 이익을 얻지만, 사실 진짜 지식을 얻기 위해서는 그것에 맞서 싸워야 한다. 인터넷이 생기기 이전에, 내가 수십 년간 해온 방법은 단순하지만 연습이 필요한 방법이다. 이는 단순히 다시 읽는 것이 아니라, 마음속에 질문을 가지고 읽는 것이다. 그리고 시험을 자주 보는 것도 배운 것을 다지기 위해 심리학자들이 추천하는 효과적인 방법 중 하나다. 물론 점수가 매겨진다면 교실에서 환영받기는 어렵겠지만, 이것은 진짜 좋은 방법이다. 정리하자면, 하나는 책과 리포트를 보고 질문을 만드는 것, 다른 하나는 스스로 그에 맞는 답을 써보는 것이다.

우리는 자신과 정치, 철학, 종교에 관한 생각이 다르면 그 글을 쓴 사람에게 문제가 있다고 말하기 쉽다. 그러나 이런 접근은 토론의 장점을 간과하게 만든다.

이는 사회심리학자들이 비즈니스에서 '경쟁자 무시competitor neglect'라고 부르는 문제이다. 지나친 낙관주의, 즉 비판적이고 회의적인 시각이 없는 자기확신주의는 이견을 허락하지 않는 것이다. 하지만 자기 기호에 맞는 대로만 읽다가는 문제점을 간과할 수 있다. 그러므로 심리학자들이 '비유창성'에 대해 언급했듯이, 어떤 문화이론가들은 '새롭게 인식시키기defamiliarization' 다시 말해 '낯설게 하는 것'을 추천한다.

이러한 전략은 하나의 도전 과제이다. 플라톤의 철학에서 '미노의 역설Meno's Paradox'은 지식이 없는 상태에서 무엇을 배울지 결정하는 것의 어려움에 대해 말하고 있다. 박사 학위를 받기 위해 자신의 전공과 학교를 선택하는 학생의 경우를 생각해보자. 내가 대학원에 들어가자마자 알게 된 것은 박사 학위에 준하는 지식을 이미 갖게 된 사람만이 과학이든 인문학이든 어떤 장기적 연구의 가능성을 그릴 수 있다는 점이었다. 학교와 교수의 명성만 고려해 학과나 대학을 선택하는 것은 미래를 위한 완벽하지 않은 가이드를 따른 것일 뿐이다.

나만의 방법은 첫째, 공부를 시작하기 전에 머릿속에

그려보고 문제에 접근하는 것이다. 만약 가능하다면 그래프가 있는 2차원으로 그려본다. 내가 공부하고 있는 것과 관련해 상대방의 입장에서 어떤 질문이 나올지를 상상해보면 '경쟁자 무시'의 현상 따위는 없어진다.

둘째는 대학원을 다닐 때 나의 스승이 추천해준 방법이다. 어떤 글이든 그 안에 숨겨진 가치를 찾아내는 것. 어떤 부분은 반복적으로 읽어도 가치를 포착하기 어려울 때가 많지만, 그것을 찾기 위해 노력해서 읽다 보면 인간의 이해력을 높이기 위해 고안된 인공지능 프로그램도 놓칠 수 있는 숨겨진 신호와 의미들을 찾아낼 수 있다.

셋째, 저자가 언급할 것으로 예상했지만 결과적으로는 언급하지 않은 '핵심'을 찾는 것이다. 한 편집자가 나에게 마르크스주의 사상에 대한 글을 써달라고 부탁한 적이 있다. 나는 우리의 역사가 마르크스의 사상을 어떻게 평가하는지옳았는가 혹은 틀렸는가에 대해 쓰지 않았다. 내가 흥미를 느낀 것은, 마르크스의 사상에서 빠진 부분이었다. 예를 들어, 자본주의의 노동 착취나 공해 문제는 차치하고라도, 집단 소유 기업이 혁명 전 부르주아 기업보다 환경 면에서 더 나을 것이 없는데도소비에트 연방의 몰락이 보여주듯 요즘의 좌파 사상가들은 자신들이 친환경적이라고 주장한다. 사실 마르크스는 그런 그들보다도 환경문제에 주목하지 않았던 것이다. 이런 것처럼, 나는 냉전시대에 공산주의나 반공산주의 모두가 공통적으로 꾸준한 생산성 향상에 대한 막연한 믿음이 있었음을 입증하는 단어를 찾아냈다. 마르크스도 말하지 못했던 그것을 나는 '생산주의'라 불렀다.

질문에 질문이 꼬리를 무는 공부법은 매우 바람직하다. 출판을 할 때 함께 일했던 과학사학자 토마스 쿤은 학생들에게, 과학 고전을 읽을 때 현대의 과학적 사고를 잣대로 검토하지 말고 자신에게 가장 이상해 보이는 부분들을 중심으로 읽고 공부하라고 했다. 그렇게 하면 당시의 저자들을 한층 더 잘 이해할 수 있게 된다는 것이었다.

나는 능동적이고 공격적인 읽기를 추천하고 싶다. 그렇게 하면 모순을 발견함으로써 배움에 대한 환상을 타파할 수 있다. 나도 한 조언자 덕분에 논쟁을 할 때 일관성이 부족한 나의 모습을 깨우칠 수 있었다. 예를 들면, 마르크스는 내가 생각하는 가장 위대한 역사학자

중 한 명이다. 그는 산업시대의 생산수단의 변화에서 비롯된 계급과 계급 간의 관계에 대한 뛰어난 시각을 갖고 있었지만, 왜 사회주의나 공산주의에서 계급이 흥망하는지에 대해 제대로 설명하거나 입증하지 못했다. 기술이 지속적으로 발전한다면 계급 간의 투쟁도 진화하고 변화해야 할 것이다. 이러한 일은 과거 소련에서도 일어났고, 현재 실리콘밸리에서도 벌어지고 있다.

내가 배운 '능동적으로 읽는 법'을 하나의 비유로 설명하자면, 글은 축적되어야 할 '정적인 지식 체계'가 아니라 풀어야 할 '퍼즐'이라고 말할 수 있다. 우리가 제대로만 이용한다면 과학 기술은 우리의 배움에 도움을 주겠지만, 그것이 전지전능하다는 생각은 버려야 한다.

여기, 배움에 관한 또 하나의 역설이 있다. 그것은 우리가 어떤 것을 마스터하고, 다른 사람에게 설명해야 할 때 생긴다. 이것을 심리학자들은 '지식의 저주'라고 말하며, 이는 미노의 역설과 완전히 반대되는 개념이다. 우리가 알고 있는 것을 자연스럽게 사용할수록 우리는 우리가 가르치려고 하는 사람들과 거리가 생기게 되고, 우리 자신이 그것에 익숙해지면서 모른다는 자체가 무엇인지 생각조차 할 수 없게 된다는 것을 의미한다. 소프트웨어 프로그램을 사용하는 데 있어 필수적인 옵션이 다양한 메뉴에 덮여 안 보이는 경우를 본 적이 있을 것이다. 프로그램 개발자들은 이런 기능을 쓰는 데 너무 익숙해져서, 초보 사용자의 입장이나 불편을 생각할 수 없게 된 것이다.

하지만 좋은 소식도 있다. 우리가 '지식의 저주'와 '지식의 환상'을 제대로 인식만 하면, 스스로 거기에 맞는 답을 찾아내 행동할 수 있게 된다. 다시 말해, 그동안 우리가 간과해온 것들을 찾을 수 있다는 것이다. 말을 할 때는 청취자들을 고려하고, 글을 쓸 때는 독자들을 고려하여 한층 더 그들의 입장에서 생각할 수 있고, 그 안에 숨겨둔 여러 핵심들을 직접 찾게 하여 그들 스스로 더 생산적인 결과물을 창조하도록 도울 수 있다. 능동적인 독서가 자칫 옛날 기술로 치부될 수 있지만, 우리는 그것이 어느 때보다 절실한 세상에서 살고 있다.

Steve Fuller

04
스티브 풀러

스티브 풀러는 영국 워릭대학교 사회학과 교수이다. 원래 전공은 역사와 철학이었으나 사회학으로 전향해 '사회인식론' 분야의 기초를 다진 학자이다. '사회인식론(Social Epistemology)'은 1987년에 그가 시작한 계간지의 이름이자 그의 첫 번째 책의 이름이기도 하다. 그는 인류의 미래에 대한 아이디어와 관련한 3부작을 완성했으며, 그가 집필한 20여 권의 책들은 20여 개 언어로 번역되어 꾸준히 사랑 받고 있다. 그는 학문적 업적을 인정받아 2007년 워릭대학교에서 문학박사 학위를 받았다. 또한 왕립예술학회, 영국사회과학원, 유럽과학예술원의 일원으로 활동 중이다.

찾고, 적고, 반복하라

나의 성공적인 공부 습관은 매우 어린 시절에서 비롯되었다. 사실 어느 정도 나이가 차면 그런 습관이 생기기 어려울지도 모르겠다. 그러한 습관이 성공적으로 형성된 증거라면, 내가 읽은 모든 것이 사실상 내 기억 어딘가에 서로 연결되고 저장되어 있다는 것이다. 실제로 무작위로 어떤 책이든 집어 들어 15분 정도만 훑어보면 나는 요점 정리뿐 아니라 흥미로운 것들을 잘 파악해 말할 수 있다. 다시 말해, 책의 내용을 요약 정리하는 그 이상이라는 것이다. 이런 식으로, 그 책을 '나만의 것'으로 만들어 인지적 레퍼토리에 저장해두고 나중에 그것을 꺼내 사용할 수 있다.

여기에는 세 가지 기술이 있다. 우선, 많은 책을 접하는 것이 중요하다. 다음으로, 그것들에 대해 잘 기록해야 한다. 마지막으로, 그 기록한 것들을 통합하여 최종 결과물을 위해 시험하고 수정하는 일련의 과정, 즉 리허설로서의 연습이 필요하다. 한마디로 이 세 가지는 지식의 탐험, 기록 그리고 리허설 연습이다.

먼저 '지식의 탐험'에 대해 알아보자. 나는 인생을 준비된 모습으로 살아가는 데 있어 독서가 가장 효율적인 수단이라고 생각해왔다. 알다시피 독서는 개인적인 경험보다 훨씬 효율적이기 때문이다. 하지만 이는 상황을 받아들일 때 피상적일 경우가 많다. 그래서 가장 좋은 방법은 독서 자체를 개인적인 경험으로 만드는 거라고 생각한다. 그러기 위해서는 우선 찾아보기, 즉 검색하는 습관을 들여야 한다. 내가 말하는 이 '찾아보기'의 의미는 책을 통해 얻는 것보다 훨씬 더 폭넓게 여러 가지를 검색해 더 많은 가능성을 열어두라는 것이다.

요즘의 10대들은, 과거에 내가 이것저것 찾아보려면

서점이나 도서관이라는 물리적 공간에 반드시 가야 했다는 이야기를 들으면 이해하기 어려울 것이다. 그곳은 나의 관심사에 '관련된 것'과 '무관한 것'이 혼재되어 있는 곳이다. 그곳에서의 이상적인 찾아보기란, 정확히 '관련된 것'만 콕 집어 찾아내는 것이 아니라, 이것저것 손이 가는 대로 책을 찾아보다가 뜻밖에 '무관한 것'에서 '관련된 것'을 발견하는 우연의 횡재를 할 때를 말한다. 요즘도 구글이나 아마존 등 컴퓨터의 검색 엔진을 이용하여 지식의 탐험을 해본 사람이라면 알겠지만, 여전히 우연성의 요소가 있긴 하다. 그러나 브라우저 설계자들은 이런 우연성을 프로그램의 결함으로 간주하여 다음 버전에서 보완하기 때문에, 이제는 우리가 새로운 것을 검색해도 이전에 검색한 것과 관련된 제한적인 정보가 우선적으로 제시될 뿐이다.

나는 1970년대에 뉴욕에 사는 10대 청소년이었고, 일요일 오후마다 주로 그리니치 빌리지의 큰 중고 서점인 스트랜드와 대형 서점인 반스앤노블에서 시간을 보냈다. 이런 서점들은 보통 도서관처럼 큰 주제별로 책을 분류해놓았다. 하지만 어떤 섹션은 출판사별로 분류되어 있었는데 이런 경우가 찾아보는 데 훨씬 편리했다.
말하자면 '표지를 보고 책을 고르는 방법'을 알게 된 것
이다. 출판사들은 특정 저자나 고정 독자들을 위해 자
신들만의 스타일을 고집하는 경향이 있어 쉽게 분별이
가능하다. 그런 출판사들의 책을 읽고 정치적으로 '좌
파'와 '우파'의 차이, 문화적으로 '고급'과 '저급' 문화
의 차이를 깨달은 것 같다. 종합해볼 때 이런 차이가 학
문적으로도 분야의 경계를 넘나들면서 지식을 통합하
는 데 다양한 시각을 제공했다.

　과거의 뉴욕 시절을 돌아보면, 나는 한 번에 다섯 권
정도의 책을 사서 순식간에 읽고 페이지 여백에 메모를
써놓곤 했다. 그러나 이런 방식이 '책을 나만의 것으로
만드는' 데 효과적이지 않다는 것을 어느 순간 깨달았
다. 그래서 나는 공책에 기록하는 것으로 전환했고, 책
안에서 의미가 있다고 생각되는 것을 걸러내어 적은 뒤
나중에 다시 볼 수 있게 하였다. 나는 기본적으로 내 목
적에 맞춰 내가 읽은 책들을 재구성했기 때문에, 내가
읽은 것에 대해서는 예외 없이 나만의 기억법을 사용하
여 저장할 수 있었다.

대학에 가서 나의 이 방법을 '힘 있는 독서'라고 한다는 것을 알게 됐고, 지금까지도 그 방식을 계속 이어가고 있다. 학술적인 글에서 내가 어떤 주장을 하거나 다른 책들을 공식적으로 언급할 때, 나는 그들의 학술적인 권위보다 학문적인 영감의 측면에서 인용하려고 한다. 나는 나의 저술에서만큼은 모든 것을 내가 책임지고 싶기 때문이다. 나는 오늘날 어떤 토론 주제에 대해 자신의 목소리를 모호하게 내면서, 구글 검색으로 만들어질 수 있는 상당히 표준적인 연결고리를 인용하고 반복하는 수많은 학술 참고 자료들의 가벼운 학술적 경향이 마음에 들지 않는다.

이제 적었던 것을 활용하는 '리허설 연습'으로 넘어가보자. 이것은 책 여백에 메모를 하다가 노트에 다시 기록하면서 이미 시작되었다고 볼 수 있다. 그런 전환은 당신이 주목했던 원래의 내용에서 의미가 있다고 생각하여 기록했던 것을 다시 창조하게 만든다. 일반적으로 컴퓨터 프로그램으로 잘라내고 붙이는 작업은 이러한 습관에 부정적인 영향을 줄 수 있기 때문에 차라리 내가 처음에 시작했다가 그만둔, 책의 여백에 남기는 메모가 훨씬 더 효과적이다.

나는 내가 쓴 책의 내용도 끊임없이 반복하며 재창조하는 편이다. 글 쓰는 작업이나 창의적인 프로젝트를 수행할 때, 완성에 이르렀다 생각하지 않고 끊임없이 반복하고 재창조하는 것이다. 특히, 사고의 흐름이 절정에 이르렀을 즈음에 멈출 것을 권한다. 그러면, 절정의 순간으로 이끈 그 과정을 다시 진행하면서 간혹 내가 생각해뒀던 결론이 잘못된 것임을 뒤늦게 깨달을 수도 있기 때문이다. 사실 '절정'이라는 것은 막다른 최고점이 아니라 여러 가지 가능성을 가지고 다음 단계를 열어가는 지점이기 때문에 일단 멈춰보는 것이다.

이 말에 동의할 수 없거나, 잘 쓰고 잘하고 있을 때 어떻게 멈추라는 것이냐고 반문할 수도 있다. 사실 돈을 벌기 위해 제때 일을 끝내야 하는 직업을 가진 사람들에게는 끔찍한 일일 수 있다. 물론 20여 권의 책을 쓴 나 같은 사람도 항상 의도치 않은 다양한 변수 앞에서는 속수무책이다나를 평론하는 분들이 더 잘 알 테지만!. 나는 내가 하는 일들을 아직 완전히 끝났다고 보지 않기에, 마음속에서는 항상 되돌아가 다시 해야 하는 작업으로 여기고 있다. 내 저작물들은 언제나 반복하고 재창조해야 하는 것들이며 하나하나가 내가 어떤 사람인지를 보여주는 증거물이다.

내가 추천하는 바가 무엇인지 잘 이해하려면, 마르크스가 정의한 '인간 소외' 문제를 해결하는 방법을 고찰해보면 된다. 인간 소외는 자본주의 체제에서 산업 노동자들이 자기 노동력으로 만든 결과물을 자기가 통제하거나 지배하지 못하기 때문에 일어난다고 했다. 노동이 끝나면, 그 결과물이 노동과 관련이 없는, 오히려 통제할 수 없는 사람들에게 팔린다는 점이 문제를 낳는다는 것이다. 이것은 지식 분야로도 확장될 수 있다. 언론인과 학자들은 특정한 독자들에게 자신의 생각으로 된 글을 써야 할 필요를 느끼지만, 그것의 최종 목적지이자 종착점은 결국 그것을 읽는 불특정 독자들이기 때문이다.

이렇다 보니 저자가 만약 자기가 쓴 것을 출간되는 즉시 독자의 것이라 여기고 책임지지 않는다면, 저자 자신이 그 글과 분리되는（자신을 완전히 잊는 것은 어렵더라도） 경향이 생긴다. 그들은 이런 방식으로 쓰인 한 편의 글이 독자들에게 핵심 내용을 직접 말하는 것보다 훨씬 용이하고 긍정적인 효과를 유도한다고 말하기도 한다.

하지만 나의 견해는 정반대이다. 저자는 자신의 글을 완성된 작품이라기보다 독자가 생각하고 자기만의 표현으로 재연할 수 있는 극 대본이나 음악 악보처럼 생각해야 한다.

그것은 적어도 원작자의 의도 외에 다양한 방법으로 수행될 수 있어야 하고, 다른 누군가가 내용을 살아 있게 재창조하도록 어느 정도의 빈틈과 불완전한 요소가 내재되어 있어야 한다. 간단히 말해서, 항상 리허설 연습이 필요한 상태로 제공하는 것이 좋다. 지식의 탐험, 기록하기, 리허설 연습, 이 세 가지는 내가 나만의 것을 구축하는 데 많은 영향을 끼쳤으며, 나에게 영감과 창의성을 제공하는 역동적인 원천이 되어주었다. 이것이 오늘날까지 나를 지탱해준 삶의 전략이었다.

지식의 탐험, 기록하기, 리허설 연습,
이 세 가지는 내가 나만의 것을 구축하는 데 많은
영향을 끼쳤으며, 나에게 영감과 창의성을 제공
하는 역동적인 원천이 되어주었다.

Howard
Moskowit

하워드 모스코비츠

하워드 모스코비츠는 하버드대학교에서 미각을 연구하는 실험심리학으로 박사학위를 받았다. 처음에는 이 연구를 기반으로 미 육군 메뉴에 대한 병사들의 선호도를 연구하였고, 이후에는 프레고(Prego)의 토마트파스타 소스, 제스티(Zesty)의 피클, 트로피카나(Tropicana)의 그로브스탠드 과육 오렌지주스 등의 식품 개발에 적용하였다. 이 연구법은 소비자들의 다양한 선호도를 식별하여 매출 증가 및 고객 만족도를 높이는 데 기여하였다. 그는 최근, 이 연구법을 활용하여 소통 문제를 개선하는 데 집중하고 있다. 현재 '마인드 제노믹스(Mind Genomics)'라고 불리며 학생들에게 비평적 사고의 도구 및 경험적 학습을 촉진하는 방법으로도 선호되고 있다. 그는 '마인드 제노믹스'를 통해 많은 이들에게 배움의 즐거움을 선사하고 있다.

작은 단위로
하나씩 하나씩
해나가라

    내 나이가 일흔두 살이다. 정확히 기억나지 않지만, 내가 쓴 책이 26권, 아니 27권쯤 된다. 나이를 먹는 것처럼, 가랑비에 옷 젖듯 생각보다 많은 글을 썼다는 사실이 새삼스럽다. 이제 두려워했던 정점의 나이도 넘어섰고, 나의 자리를 채워줄 후세들에게 연륜과 지혜를 나눠달라는 요청도 받는다. 이제 여러분들이 나를 대신해 내 자리를 맡아 내가 하던 일을 할 것이다. 그것이 바로 당신이 지금 이 글을 읽고 있는 이유이다.

    그러면 이제 아직 출판되지 않은 20여 권의 책과 수

백 개의 기사, 논문을 비롯한 이미 출간된 책들을 내가 어떻게 쓰게 되었는지 말해보고자 한다. 별로 어렵지 않았다.

여러분은 "당신에게는 어렵지 않았겠지만 나에게는 어려운 일이다"라고 말할지도 모르겠다. 그 이야기를 해보겠다. 그리고 여러분이 이 내용을 마음에 들어 한다면, 천국에 계신 사랑하는 나의 어머니, 레아 모스코비츠 덕분이다.

성적을 올리면 된다?

나는 중학교 때까지 공부를 잘하는 학생이 아니었다. '잘하는 학생이 아니었다'라는 말은 절제된 표현이다. 사실은 최악이었다. 이유 중 하나는 질병이다. 천식이 심해 집에 있는 시간이 많았기 때문이다. 또 다른 이유는 제멋대로 행동하는 사춘기 기질이 강해 어떤 것도 열심히 하지 않았던 면도 있었다. 또 뭘 해야 할지 몰랐던 두려움도 있었다. 한마디로 말해 나는 아프고 게으

르고 두려워서 제대로 하는 게 하나도 없는 아이였다.

나처럼 바닥부터 시작해야 하는 사람이라면 한 가지 방법이 있다. 바로 성적을 올리는 것이다. 하지만 문제는, 결국 '어떻게 성적을 올리느냐'는 것이다. 요령이 있을까? 마법이라도? 아니면 행운의 문제인가? 그것도 아니라면 특별한 어떤 행위가 필요한가? 그렇다. 이 특별한 행위로 인해 모든 것이 달라진 이야기를 한번 해보려는 것이다.

공부 이야기로 시작해서 글쓰기로 넘어가겠다. 여러분은 우선 내 어머니에 대해 알 필요가 있다. 그녀는 체계적이었다. 어머니는 나에게 공부하는 법을 가르쳐주었고, 그다음으로 글쓰기를 훈련하는 법을 가르쳐주었다.

어머니는 내가 해야 할 일이 무엇인지 파악하고, 그 '일'을 10분 이내로 할 수 있는, 작고 다루기 쉬운 작업으로 나누라고 말씀하셨다. 내가 같은 일을 한 시간 동안 했는지는 중요하지 않았다. 나는 과제를 정확히 10분 단위로 쪼개어 배정한 뒤 공부를 시작했다.

여러분에게는 일종의 강박으로 느껴질 수도 있겠지

만, 이 방법은 나를 작은 일들에 집중하고 시간을 정확하게 지키도록 만들었다. 이것은 매우 효과적이었다. 그 후로 시험 전날에 벼락치기를 하지 않아도 되었다. 나는 고등학생 때 내 성공의 비결을 다음과 같이 확실하게 알게 되었다. 해야 할 공부를 거의 같은 크기로 작고 하기 쉬운 분량으로 나누어 하나 또는 여러 개를 할 때도 있었지만, 중요한 것은 매번 내가 한 것을 확인하는 일이다. 각 작업을 수행해나갈 때마다 해야 할 일의 목록이 점차 줄어들어 매우 효율적으로 해낼 수 있었다.

처음에는 하루에 정해진 분량도 벅찼다. 그러나 곧 하나의 게임이 됐다. 하루 안에 이삼일 치를 끝내고 난 후 다음 것을 이어서 하는 것도 가능해졌다. 심지어 점점 쉬워졌다. 해야 할 일은 어차피 정해져 있어 하기도 쉬웠고, 그렇게 부담스럽지도 않았다. 심지어 게임에 이겼을 때 얻는 보너스처럼 더 많이 배웠고 더 많이 기억하게 됐다. 나중에 대학에서 심리학을 전공하면서 이러한 전략이 분산학습distributed learning임을 알게 됐고, 이 학습법은 여러 가지 주제를 배우는 데 최선의 방법이라는 것도 알게 됐다.

배우는 건 좋다, 하지만 글쓰기는?

이 작은 자서전[7]을 읽고 있는 여러분들도 알고 있듯이 글을 쓴다는 것은 책을 읽거나 공부하는 것과는 또다른 문제이다. 책을 읽는 데 별 무리가 없고, 공부를 하는 데 큰 어려움이 없어도 글을 쓰는 것은 엄두도 내지 못하는 경우가 많다. 그냥 얼어붙는 것이다. 다시 말해 '내가 무엇에 대해 쓰든 사람들이 관심을 꺼줬으면…' 하며 긴장하는 것이다. 청중 앞에서 얼어붙는 것과 비슷한 맥락일 수 있다. 남의 시선에 노출되는 것이 두려운 것이다.

다시 글쓰기로 돌아가보자. 우리가 글을 쓰기 위해서는 무엇을 할 수 있을까? 나는 무엇을 배웠는가? 내가 배운 작게 쪼개어 공부하는 훈련법을 어떻게 글쓰기에 적용할까? 더 생각할 필요도 없이 방법은 똑같다. 나는 내가 쓰고자 하는 것을 몇 개의 섹션으로 나눠서 큰 틀을 잡는다. 그리고 나서 정확히 세 개의 단락을 쓰는 것을 목표로 설정했고, 그것을 한 '편_{bout 또는 에피소드}'이라고 불렀다. 이렇게 작은 단위로 나눠서 작업하는 원칙을 무조건 지켰다. 글을 쓸 때마다 수정하기보다는 계속 써나가는 것에 집중했다. 최소 하루에 한 편씩, 즉 세 단락 이상을 꾸준히 쓰는 것이다. 그것이 곧 익숙해져서 두 편이 되고 때로는 세 편이 되고 네 편이 되기도 한다. 각 편은 정확히 세 단락이다. 단락의 길이는 상관없고, 단락 수가 중요하다. 딱 세 개의 단락.

왜 한 편의 글을 세 단락으로 만드느냐고? 솔직히 잘 모르겠다! 하지만 왜 그렇게 시작했는지, 언제부터 그랬는지는 기억이 난다. 내가 박사 학위를 받은 직후, 일년 정도 지난 때였다. 내가 박사 학위를 받은 하버드대학을 기념하기 위해 마련한 고동색 파커 만년필을 가져왔고, 파란색 잉크도 샀다. 나는 국정 과학자^{정부에 고용된 과학자}로서 일을 막 시작하던 시기였다. 그리고 그 일을 유지하기 위한 요구 사항 중 하나는 몇 가지 논문을 출간하는 것이었다. 그리 많은 분량은 아니었다. 나의 전문성을 보여주기 위해 내 만년필이 그 역할을 잘해주어야 했다.

그러나 나는 결국 실패하고 말았다. 왜냐하면 컨디션이 좋았을 때조차도 하루에 반 페이지 이상을 쓸 수 없었기 때문이다. 글을 쓰기가 너무나 힘들었고 종이는 잉크로 자꾸 번져서 글씨가 형편없이 지저분해졌다. 나는 만년필을 집어던지고 평소 좋아하는 타자기를 꺼내 치기 시작했다. 글을 쓴다는 행위가 고통스럽지 않아야 한다는 걸 깨달은 것이 바로 그때였다. 더 이상 만년필을 사용할 필요가 없었다. 만년필을 책상 서랍에 묻으면서 나의 고통은 사라졌고, 그 후로 그 펜은 다시는 내 눈에 띄지 않았다. 세월이 흘러 청소하고 정리하는 동안에 그렇게 버려졌다.

재미! 그렇다. 이것이 핵심이다. 글쓰기를 재미있게 하는 방법은 무엇일까? 어떻게 하면 더 잘 쓸 수 있을까? 타이핑 작업으로 나의 글은 지저분하고 엉망진창인 손글씨에서 벗어나 보기 좋은 결과물로 재탄생했다. 이제부터는 정말로 단순하게 일정 분량씩만 써 내려가면 그만인 것이다. 그러면 어느 정도면 될까? 맞다. 세 단락. 이렇게 해서 최소 세 단락짜리 한 편을 하루에 쓰는 것이 규칙이 됐다. 더 많으면 더욱 좋겠다 싶어서 두 단락으로 한 편을 만들어 편 수를 늘려보기도 했지만, 확실히 단락 수가 적어 탐탁지 않았다. 네댓 단락으로 시도해보니 너무 애를 써야 해서 힘들었고, 게다가 편수로 따져보면 많지 않으니 그것 역시 탐탁지 않았다. 그렇게 세 단락이 한 편이 되는 게 가장 적절했다. 엄마 곰, 아빠 곰, 아기 곰의 이야기<골디락스와 세 마리의 곰> 이야기에서 유래하며 좌로도 우로도 치우치지 않는 최상의 상태를 뜻한다처럼 아주 완벽한 상태 말이다.

작은 단위로 하나씩

세 단락으로 구성된 한 편의 글쓰기는 "시작은 미약했으나 끝은 창대하였다." 1969년부터 1977년까지 연구에 몰두하였고, 이후에는 매사추세츠주의 나틱과 내 고향 뉴욕주의 뉴욕, 이 두 도시에서 마켓 리서치 비즈니스를 했다.

연구 논문은 편당 세 단락으로 쓰곤 했지만, 책을 쓸 때는 그렇게 하지 못했다. 하지만 1978년에 다시 책을 쓰기 시작하고 나서는 어느 정도 성공을 거뒀다. 책을 쓰는 문제는 밀도 있는 자료 조사를 필요로 하는 연구 논문이나 평론을 쓰는 문제와는 다르다. 책을 쓰는 것은 마라톤을 뛰는 것과도 같아서, 끊임없이 창조하고 동기를 유지하고 훈련을 지속하는 구조를 필요로 한다. 그래서 세 개의 단락이 한 편을 이룬다. 이 짧은 회고록을 쓰는 것처럼 주제에 대해 생각한 뒤 한 편을 쓰고, 또 한 편을 쓰고, 또 한 편을 쓰고…. 이렇게 계속 써내려가는 것보다 더 좋은 방법이 어디 있겠는가? 이것은 너무나 쉽다. 한 편씩 쓰면서 중간에 쉴 수도 있다. 출력은 훌륭하고, 왼쪽과 오른쪽의 여백도 적당하고…. 지금은 워드 프로세서의 혜택으로 편리하고 보기 좋게 수정할 수도 있으니 참으로 감사한 일이 아닐 수 없다.

26권의 출간물과 새로 펴낼 19권의 마음 유전체학에 관한 연구 저서들을 떠올리며 나는 말할 수 있다. "독자들이여, 이 방법이 딱이다!"

Danica Purg

대니카 퍼그

대니카 퍼그 교수는 슬로베니아 IEDC-Bled 경영대학원 원장이자, 전세계 55개 국 220개 경영 관련 기관이 회원으로 참여한 CEEMAN의 협회장이다. 또한 유럽 리더십센터(ELC)도 이끌고 있다. 퍼그 교수는 IEDC-Bled 경영대학원에서 리더십 과 효율적 경영에 대한 강의를 하고 있다. 그녀의 관심 분야는 예술과 그와 관련 된 일을 하는 경영인들에게 조언하고 자극을 줄 수 있는 것을 찾는 것이다. 퍼그 교수는 2010년 국제 비즈니스 교육 분야에서 뛰어난 업적을 인정받아 국제비즈 니스아카데미(AIB)로부터 올해의 세계교육자상을 받았다. 2013년 PRME(책임경영교육) 운영위원회의 의장이 되었고, 2017년 7월 Global UN PRME 포럼에서 UN PRME 계획을 수립하는 데 있어 선구적인 노력과 업적을 인정받았다. 슬로베니아 유엔 글로벌 콤팩트의 회장이기도 하다. 2016년에는 수잔 매드슨(Susan Madsen)이 집필한 《Women and Leadership Around the World》에 퍼그 교수의 리더십이 소개되 기도 했다.

공부하고 배우는 것은
게임과 다르지 않다

읽고 쓸 줄 아는 모든 사람에게 인생은 지속적인 공부이다. 공부는 아이를 키우는 것처럼 어떠한 상황에서도 할 수 있어야 한다고들 하지만, 내가 직접 경험한 바에 의하면 그것은 사실이 아니다. 사람마다 다른 것이다. 나의 경우, 내가 완전히 집중할 수 있는 환경이 아니면 공부를 제대로 할 수 없다. 어떤 사람들은 식당 앞의 분주한 테라스나 기차 안에서 잘도 공부를 하지만 고요함이 필요한 나로서는, 절대로 불가능하다.

나에게 또 필요한 것은 깨끗한 책상이다. 공부하기에

앞서 책상을 깨끗하게 치우고 주변 정리를 한다. 이미 봤던 것이나 봐야 할 모든 서류, 지금 해야 할 공부와 관계없는 물건들은 방해가 된다. 이는 일이 너무 많이 쌓여 있다는 신호이기 때문이다. 또한 내게 매우 중요한 것은 완벽한 온도와 조도를 갖추는 것이다. 과거 촛불에 의지해서 공부해야 했던 시절에 태어났다면 나는 형편없는 수도사修道士가 됐을지도 모른다. 그리고 내 오른손에는 항상 연필이 쥐어져 있다. 필요할 때 바로 메모를 하기 위함이다.

만약 여러분이 '평생 동안' 공부를 하고, 또 해야 한다는 것을 깨닫는다면, 모든 휴식 시간이 버리는 시간이라고 생각하는 실수를 하지 않을 것이다. 휴식 시간은 꼭 필요하고 소중하다. 나는 적어도 45분마다 10분씩 휴식을 취한다. 그 시간에 그림, 조각, 꽃병 또는 주변에 있는 다른 물건들을 쳐다본다.

공부하는 중간에 이렇게 뭔가 다른 일을 해보라고 권하고 싶다. 필요하다고 느끼면 스트레칭을 해도 좋다. 한 시간 반 뒤에는 공부하는 공간에서 벗어나 15분 동안 다른 방이나 정원, 발코니, 복도로 나가서 최소 300

보를 걷는다. 그 이후 다시 돌아와 공부를 계속할 때, 필기한 것을 바탕으로 이전에 배운 내용을 3분 동안 암기한다. '내가 배운 것 중 가장 중요한 것은 무엇인가?'라는 질문으로 스스로를 확인한다.

누군가 나에게 공부를 꼭 해야 할 것으로 여기느냐고 묻는다면, 나는 공부하는 것이 좋아서 한다고 말할 것이다. 여러분은 내가 새로운 것을 배우기 시작할 때나 다른 사람들이 발견한 것을 읽을 때 얼마나 흥분되는지 상상할 수 없을 것이다. 나는 우리의 뇌, 가치, 그리고 시스템의 비밀에 대해 많은 호기심을 가지고 있다. 나는 이것들을 공부하고 나면, 신문이나 평론, 방송에 나오는 이슈에 대한 이해의 폭이 한층 더 넓어지고 있음을 매일 느낀다. 나는 관련된 주제로 다양한 사람들과 토론할 수 있는 능력이 날마다 커가는 걸 느낀다. 그래서 하루가 끝날 무렵, 공부로 인해 몸은 피곤하지만 정신은 충만하다.

물론, 매일매일의 삶이 그렇게 쉽지만은 않다. 때로는 신체적으로나 정신적으로 최상의 상태가 아닐 때도 있다. 그렇다고 아무것도 안 할 것인가? 주로 몸을 쓰

는 야구 선수도, 머리를 쓰는 체스 선수도 컨디션을 최
상으로 유지해야 한다. 그것은 공부도 마찬가지이다.
옛 그리스어인 '김나지움gymnasium'은 스포츠와 철학이 혼
합된 장소였다. 누구든 최상의 컨디션을 유지하기 위해
서는 질 좋은 수면, 스포츠, 요가 같은 것들이 필요하다.

  또한 건강하게 규칙적으로 먹는 것이 중요하다. 자신
을 제대로 돌보기 위해서는 훈련이 필요하고, 이는 매
우 당연한 것이다. 배가 고프면 집중을 할 수 없다. 물
은 우리의 몸과 기분을 좋게 하는 중요한 요소이기 때
문에 항상 가까이 두고 마셔야 한다. 그러나 물을 노트
북이나 공책에 쏟으면 큰일이다. 나에게도 그런 일이
한 번 있었다. 다시 말해, 행동할 때 무심코 행동해서는
안 된다는 것이다. 실제로 이것은 자신의 마음을 제어
할 수 있는 좋은 방법이기도 하다.

  선Zen 철학과 수련을 통해 우리는 정신적 역량과 자제
력을 향상시킬 수 있다. 또한 나는 '사선 읽기'법을 배
움으로써 역량을 강화했다. 시간적 압박이 있을 때 명
사에서 명사만 속독으로 훑어 읽는 것을 말한다. 집중
력을 잃고 옆길로 새는 경우에는 읽기를 중단하고 이전

에 읽었던 부분으로 돌아간다. 앞서 언급했듯이 이 '방황'이 자주 일어난다면, 읽고 이해하고 집중하는 능력의 과부하로 인해 휴식을 취해야 할 때임을 알리는 것이다.

듣기 역시 '집중'하는 것이 가장 중요하다. 강의를 직접 듣거나 영상으로 들을 때 강사에게 집중해야 한다. 마음속으로 계속 '저게 맞나', '수긍할 수 있는가', '잘 이해되는가' 등을 물어야 한다. 사람이 소화할 수 있는 최대치의 정보량이 사람에 따라, 그날의 상황에 따라 다르다. 그날 강사가 매고 나온 넥타이, 지은 표정, 신체 조건이나 특이한 모습 같은 것이 혹여 눈에 거슬린다면 그냥 눈을 감고 듣기에만 집중하는 것도 좋다. 그러나 잠이 드는 경우도 있으니 매우 조심해야 한다. 피곤하다는 증거일 수도 있다. 물론 강사에게 문제가 있을 가능성도 있지만, 그런 경우에는 가능하면 잘 견뎌보거나 더 도움이 될 만한 강사를 다시 찾아보는 것도 좋다.

우리 시대의 행운은 배우고, 정보를 얻고, 서로 소통하는 데 다양한 방법이 존재한다는 것이다. 이제 여러분은 내가 처음에 했던 말, 즉 공부는 평생 해야 하는 것임을 깨달았을 것이다. 그리고 최대한 공부를 잘하려면 바람직한 생활습관을 가져야 한다. 다시 말해, 때맞춰 식사를 하고, 음주나 기타 자극적인 것들을 자제하고, 충분한 수면을 취해야 한다. 이러한 일반적인 규칙들 외에 특정한 조건 안에서 공부의 효율이 높아지기도 한다. 공부를 할 때 누구는 조용한 환경을 원하고, 누구는 부드러운 음악 듣기를 좋아한다. 그러니 자신에게 가장 잘 맞는 것이 무엇인지 알아내야 한다. 공부는 체스를 두는 것과 비슷하다. 사람은 배움의 게임에 완전히 집중해야 한다. 체스의 말들을 신중하게 옮기듯, 공부라는 즐거운 게임에도 집중을 다해 지혜를 구하라.

우리 시대의 행운은 배우고,
정보를 얻고, 서로 소통하는 데
다양한 방법이 존재한다는 것이다.

Eduardo Salcedo -Albarán

07
에두아르도 살세도-알바란

에두아르도 살세도-알바란은 보텍스(Vortex) 재단과 싸이보텍스(SciVortex) 사의 설립자이자 CEO이다. 에두아르도는 《오지(Ozy)》가 선정한 '21세기 셜록 홈스', 《필로소피 나우(Philosophy Now)》가 선정한 '범죄와 싸우는 철학자'이며, 《바이스(Vice)》에서는 '혁명적인 새 기술의 부패 척결자'로, 《엘문도(El Mundo)》에서는 '알고리즘으로 범죄자를 잡는 현대판 셜록홈스'로 소개한 인물이다. 에두아르도는 여러 프로젝트를 연구, 감독하였고 사회 복잡성과 부패 및 전 세계 다국적 범죄 네트워크의 영향에 대해 광범위하게 저술하였다. 그의 저서로는 《Super-Network of Corruption in Venezuela : Kleptocracy》, 《Nepotism and Human Rights Violation》 등이 있다.

리듬을 일정하게
유지해야 한다

나는 운 좋게도 복잡한 사회현상을 연구하는 일을 직업으로 가질 수 있었고, 더 운이 좋게는 즐기면서 일할 수 있었다. 나의 학창 시절은 공부를 억지로라도 할 수밖에 없었던 시기였지만, 나중에 그 보상은 톡톡히 받은 것 같다. 무궁무진하고 경이로운 지식의 원천을 탐구하는 즐거움을 말이다. 내가 공부를 아주 잘한다고 할 수는 없지만, 무척이나 즐기고 있다는 것은 분명하다. 그 덕에 삶은 더 편해졌고, 나는 더 행복해진 것 같다.

비록 내가 배우는 것을 즐긴다고 해도 집중력을 잃지

않으려면 노력이 필요하다. 휴대폰에는 쉴 새 없이 알림이 뜨고 컴퓨터 등 스마트 기기에는 온갖 영상과 사진들이 즐비한데, 이러한 정보와 오락의 홍수 속에서 집중력을 유지하기란 쉽지 않다. 우리의 뇌가 시끄럽고 현란한 자극에 노출된 상황에서 흥미를 갖고 공부하기란 어려운 것이 현실이다.

휴대폰과 패드에 깔린 수십 개의 앱 속에 파묻혀 몇 분씩, 몇 초씩 사진이나 영상을 스크롤하다가는 금세 집중력이 달아나버린다. 그렇게 우리의 뇌는 말랑말랑한 쾌락에 쉽게 넘어가도록 훈련되어 간다. 불행하게도 이것은 공부를 할 때 집중력의 훼방꾼이 된다.

이렇게 증가하는 자극은 낮잠, 영화 감상, 친구와의 어울림 등 전통적인 훼방꾼에 더해지고 있다. 그러다 보니 우리는 공부보다 다른 활동이 더 매력적이라고 느끼게 되는 것이다. 그러므로 우리가 공부에 집중하고 싶다면, 공부에 대한 어느 정도의 즐거움을 반드시 찾을 필요가 있다.

나는 인생을 단거리 경주가 아니라 마라톤이라고 생각한다. 장기적인 목표를 가지고 인생을 보기 때문이다. 장기적인 목표를 이루기 위해서는 날마다 더 많이, 더 잘 공부해야 하기 때문에 일정한 리듬으로 쉼 없이 나아가게 만드는 집중력과 주의력이 반드시 필요하다. 공부를 위한 정신적 에너지와 체력의 수준은 변할 수 있지만, 주의력을 분산시키는 것들에 둘러싸인 채 쉼 없이 전진하기 위해서는 몇 가지 특별한 방법을 통해 일정한 리듬을 유지하려고 애써야 한다.

첫째, 어쩌면 당연한 일인지도 모르지만, 나는 책상에 앉아 오랜 시간 공부해야 하는 이유를 습관적으로 되새긴다. 그 이유에 대한 좋은 답이 떠오르지 않는다면, 차라리 나의 뇌를 다른 활동에 쓰는 게 낫지, 공부에 붙잡아둘 필요가 없는 것이다.

나의 경우에는 사회문제를 해결할 수 있는 가능성에 대해 공부하는 것이 재미있었다. 나의 직업적 경력을 쌓기 위해서는 책을 쓰고, 여행을 하고, 흥미로운 문화와 사람들을 알아가며 해결책을 제시하는 것이 필요하다. 사회문제들을 해결하는 과정에서 흥미로운 문화와 사람들을 만날 수 있다는 기대감만으로도 나 자신을 독려하면서 공부를 계속할 수 있었다. 왜냐하면 나에게 있어 공부는 더 이상 의무적으로 해야 하는 것이 아니라 재미를 선사하는 신나는 일이기 때문이다. 재미를 느끼는 이유는 사람마다 다 다를 것이다. 여행을 할 수 있어 좋다는 사람에서부터 부자로 살고 싶다는 사람에 이르기까지, 각자 자신에게 맞춰 생각하고 진정한 이유를 찾아내 공부하는 데 동기부여를 하면 된다.

둘째, 나는 공부할 주제를 결정하는 것부터 스케줄을 짜는 것까지 오직 나만의 공부 계획을 세운다. 나는 내가 좋아하거나 필요한 주제를 공부할 때 더욱 효율적이기 때문에 능률을 극대화하기 위해 나만의 계획을 세웠다. 나는 어떤 주제가 지금 나의 관심사와 관련이 있고, 매 순간 나의 흥미를 유발하는 것이 무엇인지 그 누구보다 잘 알고 있다. 그렇게 되면, 자연스럽고 쉽게 그 주제에 집중할 수 있게 되는 것이다. 나는 재미를 느끼면서 일할 때 능률이 최고치에 달한다는 사실을 잘 알고 있기에 내 열정의 불꽃을 튀게 만드는 프로젝트에만 참여한다.

셋째, 나는 하루에 최소 한 시간은 그날의 공부와 관련 없는 주제나 현상, 이슈 등에 관심을 기울인다. 보통은 밤 시간에 하며, 마감해야 하는 일이나 업무와 관련 없는 것을 공부함으로써 격렬한 뇌 운동에 휴지기를 준다. 이러한 '휴식을 위한 공부' 시간에는 다큐멘터리와 토크쇼를 보기도 한다. 어떤 주제도 그 자체로서 '불필요하지' 않고 모두 연결되어 있기 때문에 과학이든 인문학이든, 새로운 개념이나 이론이나 해석이든 다 아우르는 것이 좋다. 이러한 모든 것들이 뇌 기능을 향상시킨다.

넷째, 나는 다양한 분야에서 개념과 방법론들을 꾸준히 공부함으로써 학문의 전통적이며 인위적인 경계 나누기를 지양하게 됐다. 특히 기존의 교육계에서 체계화하고 있는 지식의 범주화를 탈피하고자 애쓴다. 경제학, 사회학, 우주물리학 등등 지식의 틀을 만들어 범주화하는 것은 초 전문성과 구체적인 문제 해결력이라는 측면에서는 전혀 문제될 것이 없지만, 큰 그림을 그려 일의 전반을 이해하고 혁신적인 해결책을 만들어내는 데는 다소 방해가 될 수 있다.

어떤 주제나 어떤 과목이라도 다방면으로, 심지어 반대되는 접근과 개념에 대해서도 공부하는 것이 필수적이다. 그래야만 복잡한 사안을 이해할 수 있는 능력을 키울 수 있기 때문이다. 장기적으로 보면 그런 방식이 우리를 탁월한 학생으로 만든다.

다섯째, 나는 의식적으로 나 자신이 모르는 게 많다고 생각하려 애쓴다. 공부를 하는 궁극적이고도 뚜렷한 이유는 자신의 무지함을 극복하기 위함이다. 그 점을 의식할수록 공부하는 데 더 큰 에너지를 투자하게 될 것이다. 나는 모르는 것이 많다는 생각을 되새기기 위해 할 일 목록뿐 아니라 공부해야 할 목록도 작성한다. 늘어나는 이 목록 덕분에 집중할 필요성을 느끼고 끊어질 듯한 집중력을 이어나가고 있다.

책장에 꽂혀 있는, 아직까지 다 읽지 못한 책들 역시 나의 무지함에 경각심을 불러일으킨다. 최근에 나는 '츤도쿠ˀㅅ⎼<'라는 일본어를 알게 됐다. 그것은 '읽으려고 책을 많이 샀으나 아직 읽지 못하고 쟁여두는 습관'을 말한다. 이것은 나의 거대한 무지함을 일깨워주는 좋은 방법이다.

여섯째, 내가 공부한 것을 제대로 이해했는지 확인하기 위해, 나는 그것을 다양한 사람들에게 설명하는 기회를 갖는다. 만약 내가 그것을 막힘없이 설명하지 못하거나 질문에 대답하지 못하면, 나는 공부를 더 해야할 필요가 있다. 자신의 능력에 대해서 스스로를 속이는 것은 쉽다. 나는 내가 어떤 주제를 잘 이해했다고 생각했지만, 그것에 대해 잘 설명할 수 없었던 순간이 가끔 있었다. 이것은 공부가 잘되었는지 안 되었는지를 확인하는 나만의 기준이 되었다.

이러한 원칙에 맞춰 살면 때로는 건강을 잃을 수도 있다. 공부에 대한 집중력을 유지하려면 항상 가만히 앉아 있어야 하는데 이것은 우리의 몸에 여러 가지 영향을 끼친다. 고대 그리스 철학자들에게서 신체적, 정신적 건강을 함께 유지하라는 충고를 배웠음에도 불구하고, 나는 몇 년간 신체적 건강을 유지하는 데 소홀히했다. 과거에는 며칠씩 쉬지 않고 읽고 쓰는 데 시간을 보냈다. 이러한 삶의 방식은 허리통증과 면역력 약화는 물론, 불안증과 편집증을 일으켰다. 특정 시점에 이르니 정신적, 신체적 건강을 잘 돌봐야 한다는 것을 깨달았고, 이후 요가 수련을 시작했다.

요가는 언제 어디서나 쉽게 수련할 수 있다는 장점이 있다. 심지어 여행 중에도 가능하다. 요가는 인체를 유기적으로 연결시켜 정신적, 육체적으로 건강을 증진시켜준다. 실제로 '전사'와 '태양 경배'와 같은 기본적인 요가 동작들은 책상에 앉아 오랜 시간을 보낸 후 겪게 되는 허리 문제를 개선하는 동시에 집중력과 호흡에도 도움을 준다. 요가를 함으로써 얻는 결과들은 혼란한 삶의 현장 속에서 오롯이 집중력을 유지하며 공부의 길을 가는 데 큰 도움을 준다.

생각이 흘러가는 대로 내버려두는 것도 혁신적인 아이디어를 떠올리는 데 매우 중요하다. 그러나 정보의 홍수 속에서 사는 우리가 어려운 공부를 해내고 힘겨운 목표를 성취하기 위해서는 집중하는 것이 필수적이다. 앞서 소개한 여섯 가지 원칙과 함께 최소 10분의 아침 명상, 30분의 요가, 저녁 30분의 유산소 운동을 권하고 싶다. 나는 마감으로 인해 초조할 때 이 세 가지의 덕을 톡톡히 보았다.

이제 나는 인생이라는 것이 수단과 방법을 가리지 않고 목표를 이루기 위해 매진해야만 하는 것이 아니라는 것을 안다. 나에게 있어 인생은, 학문적 목표를 이루기 위해 나아가는 것뿐 아니라 타인을 돌보고 나 자신을 돌보는 것을 의미한다. 혹여 삶이 그대를 어지럽게 만들지라도, 건강한 리듬을 유지하면서 꾸준히 집중하면 앞으로 나아갈 수 있을 것이다.

Scott Hartley

스콧 하틀리

스콧 하틀리는 벤처 투자가이자 작가이다. 베스트셀러 《인문학 이펙트》(The Fuzzy and the Techie)의 저자이며 테크놀로지 시대의 미래와 인간 기술에 대한 세계적 연설자이기도 하다. 그는 백악관의 대통령 혁신 협력 자문위원과 모우 다비도우 벤처스(Mohr Davidow Ventures), 메타모픽 벤처스(Metamorphic Ventures)에서 파트너 투자가로 일했다. 벤처 투자가 이전에는 구글, 페이스북, 하버드 버크만 센터에서 일했다. 그는 스탠퍼드대학교와 컬럼비아대학교에서 3개의 학위를 받았고, 6번의 마라톤 완주와 아이언맨 70.3 철인삼종경기에 참가할 정도로 운동에도 많은 관심을 가지고 있다. 그는 미국 외교협회의 회원으로 활동하며 70개국 이상을 다녀왔다.

찰나의
반짝이는 아이디어를
놓쳐서는 안 된다

우리 모두에게는 반짝이는 생각과 마법 같은 아이디어가 떠오를 때가 있지만, 이러한 순간들을 포착하는 것은 쉽지 않다. 우리가 선명한 꿈을 꾸고 나서 "이건 꼭 기억해야지"라고 해도 결국 쉽게 잊어버리게 되는 것처럼 반짝이는 아이디어들도 한낮의 꿈처럼 훨훨 날아가버린다. 그것을 꽉 붙잡아 종이와 연필로 고정시켜 두지 않으면 스르르 미끄러지듯 떠나가버린다.

우리 모두가 잘못 생각하고 있는 부분이 하나 있는데, 그것은 모든 문제를 해결하기 위해서는 먼저 아이디어를 가지고 있어야 한다는 일종의 강박이다. 하지만 정작 중요한 것은 우리가 무엇을 찾고 있는지를 아는 것이고, 우리에게 있어 그 과정은 귀납적이라기보다 연역적이거나 환원주의적이어야 한다. 질문도 모르는데 어떻게 맞는 답을 찾을 수 있겠는가?

물론, 우리 중에는 어떤 문제에 대한 특별함을 알고 거기에 몰입하는 뛰어난 사람들도 있긴 하다. 그러나 대부분은 그저 이 글이 끝나면 다음 글에, 이 대화가 끝나면 다음 대화에, 이 반응이 끝나면 다음 반응에, 계속해서 무언가에 평생 동안 끌려다니면서 산다. 이렇게 외부 자극에 계속 끌려다니는 모습으로 산다면, 그저 한번 즐기고 좋아하다가 끝나버리는 것과 무엇이 다르겠는가? 일이나 식욕, 뉴스 피드나 헤드라인 기사의 변화에 따라 이리저리 휩쓸려 다니는 인생, 정말 괜찮은 걸까?

나는 《인문학 이펙트》를 쓰기 전에, 나 자신이 외부 자극에 수동적으로 노출된 채 매우 불안정한 상태에 있다는 것을 발견했다. 우리는 편의에 맞춰 온갖 도구들을 만들고, 거기에만 '기대어' 왔다. 하지만 이제는 수

동적이고 방관적인 자세에서 벗어나 자신의 의견을 말할 수 있어야 한다. 나는 주변 스타트업들의 이런저런 문제들을 해결해주면서 좋은 회사를 만드는 데 도움을 주는 일이 그리 어렵지 않았지만, 벤처 투자가로서 미래의 기술에 관해 나만의 의견을 갖고 있어야 했다. 그러나 내 의견을 낱낱이 들여다보면서 깨달은 것은 내 생각과 타협을 이루면서 동시에 내 안에서 걸러내는 작업이 필요하다는 것이었다. 한 주에 적어도 20명의 혁신가를 만나서 그들이 통찰한 것을 그저 살펴보는 과정만으로는 충분치 않았다. 그런 통찰에서 나온 것들에 대해 긍정적인 부분과 부정적인 부분을 따져가며, 즉 내가 그것에 대해 어떻게 생각하는지 의견을 내면서 그들의 의지를 고무시키고 실제로 무언가를 만들어내도록 하는 작업은 나를 정신적으로 지치게 했다.

　지금처럼 글을 쓰는 것이 그때부터 생긴 나만의 방법이 됐다. 나는 《포브스》를 비롯한 여러 곳에 글을 쓰기 시작했다. 나는 어느 정도 대중에게 알려진 플랫폼을 원했는데, 그 이유는 내 생각의 진실성에 대해 책임지고 싶었기 때문이다. 남들이 읽고 판단할 수 있도록 한

주에 하나의 글을 씀으로써 통찰과 마법의 순간을 모았고, 그것을 내 의견을 고정시키는 하나의 기술로 사용했다. 그 과정 중에 동료들은 나에게 "이런 기사를 왜 써?"라고 묻기도 했다. 그래도 내가 글에서 제시한 명료하고 효율적인 견해들에 대해 질문을 해오는 기업가들이 하나둘씩 생기기 시작했고, 그들은 내가 자신들과 같은 생각을 하는 몇 안 되는 사람들 중의 하나라고 격려해줬다.《파이낸셜 타임스》는 나로 인해 'pre-tail 프리-테일'과 같은 신조어가 생겼다고 했는데, 이것은 온라인 판매나 오프라인 판매를 시작하기 전에 소비자의 수요를 미리 테스트해 볼 수 있는 새로운 플랫폼에 대해 생각할 때 떠오른 아이디어였다. 결코 신조어를 만들 의도에서 나온 게 아니라 그저 나의 생각을 고정하는 작업 중에 흘러나온 것이었다. 이런 과정 덕분에 모임에 초대도 되고 출판 에이전트도 만나게 되면서 책을 쓸 기회를 얻게 된 것 같다.

이 책의 기획자인 허병민이 나의 평소 습관과 책을 쓰게 된 과정에 관해 물었을 때, 내 머릿속에는 막연하게 떠오른 생각이 있었지만, 시간을 갖고 좀 더 진지하게 고민해보는 과정이 필요하다는 생각이 들었다. 나는 커피 한 잔을 따르고, 빈 페이지 앞에 앉아서, 내가 무엇을 생각하고 무엇을 말하고 싶은지, 나의 습관과 집필 방식에 대해 어떻게 생각하는지를 탐구하기 시작했다. 그리고 지금 이 시점에서, 나는 루트비히 비트겐슈타인의 말이 떠오른다.

"우리는 우리의 믿음이 진실되기를 바라야 한다."

우리의 말은 다루기 힘든 표현의 도구, 오직 '언어'의 혜택으로 의미를 갖고 내용을 갖추게 된다. 우리의 생각을 써냄으로써 그 생각들이 의미를 갖게 되는 것이다. 만약 내가 지금 빈 페이지 앞에 있지 않다면, 언어의 혜택을 받지 못한다면, 나는 나의 생각조차 가질 수 없지 않을까?

나에게 글을 쓰는 과정은 발견의 과정이지 완성의 단계가 아니다. 그것은 아이디어에 문맥과 색깔을 입히고, 호흡을 불어넣고, 의미를 부여하는 과정이다. 그리고 깨달은 바를 확고히 하고 마법같이 반짝이는 순간을 포착하기 위해, 우리는 언어와 씨름하는 시간을 만드는 자신만의 방법이 있어야 한다. 나에게는 즐길 거리를 제공하는 기기들과 떨어져 있는 것이 필요하다. 본능적이고 육체적이며, 자신을 움직이게 하고 자신이 움직일 수도 있지만 불변의 속성을 가진 것을 찾아야 한다. 내게는 주말 아침이야말로 신문을 들고 휴대폰 없이 카페로 걸어갈 수 있는 '진정한 자유'를 느끼는 시간이다. 그러면 호기심이 일어나 이것저것 생각나는 대로 끄적거리고, 해야 할 일이 떠올라 황급히 적게 된다. 그저 생각이 어떤 특정한 방향을 향하지 않고 이리저리 움직이도록 내버려둔다. 그렇게 생각이 정처 없이 떠다니다 보면 아이디어가 떠오르고 연결고리가 생겨 생각지도 못했던 것이 퍼즐처럼 딱 맞춰진다.

처음 책을 쓰기 시작하면서 이 노트 저 노트에 잔뜩 써둔 낙서와 인용구, 아이디어들 같은 날것의 재료들과 어느 순간 깨닫게 되는 무수히 많은 통찰의 시간이 모이자, 나는 그것들을 더 소화하기 쉬운 형태로 변형시켰다. 나는 뉴욕 브루클린의 집 가까이에 있는 MUJI에서 고리가 달린 100장짜리 작은 낱말 카드를 발견했다.

나는 이 낱말 카드를 들고 전자 기기 없이 카페로 가서 라지 사이즈 블랙커피를 주문하고 그간의 아이디어 노트들을 쭉 훑어보며 카드 한 장에 한 가지 아이디어를 적었다. 이것은 거르기와 재발견의 과정, 통찰한 모든 것을 하나하나 확인하는 과정이었다. 나는 그것들을 낱말 카드와 잠재의식 속에 잘 분류하여 저장했다. 이제 그곳은 다양한 해법을 제시할 수 있는 원천이라고 할 수 있다. 그리고 가능한 경우, 나는 아이디어의 출처를 카드 뒤쪽에 적어두어 향후 인용이나 다른 필요가 있을 때 쉽게 찾을 수 있도록 만들었다. 휴대하기 편하고 적용할 것들로 넘치는 3개의 고리형 낱말 카드가 탄생했다. 무려 300개의 크고 작은 아이디어들, 내가 수집한 인용구, 통찰로 끌어낸 생각들, 마법같이 반짝이는 순간들이 모였다.

책을 집필하게 되면, 기본적인 의견을 수렴하고 글의 흐름을 구성할 수 있는 많은 방식들에 대해 고민한다. 일단 챕터의 주제를 대략적으로 만든 후, 나는 아이디어를 찾아 헤매는 것이 아니라 내가 만든 낱말 카드에서 아이디어를 꺼내 적절한 챕터에 끼워 넣고 묶기만

했다. 그리고 낱말 카드에서 약 30개의 아이디어를 신중하게 골라 10개의 챕터에 각각 넣으면 어느덧 책의 반 정도는 진행된 셈이다.

우리는 정보의 홍수 속에서 허우적대고 있지만, 지혜라는 것은 아이디어와 씨름하면서 나오고, 아이디어에 문맥을 집어넣는 치열한 행위에서 나온다. 우리 모두는 어느 정도의 지적 노출이 필요하고, 좋은 아이디어를 창출하려는 영리한 사고가 필요하다. 하지만 우리는 우리 자신만의 의견을 내세우기 위해서, 그리고 불변성과 변화성이 혼재된 마음을 모으기 위해서라도 귀납적인 과정을 거칠 필요가 있다. 체계가 없는 것, 흐트러진 것, 냉담한 것, 완전히 진부한 것, 평범한 것이 있어야 반대로 명확함도 생긴다. 하지만 때때로 평범함이 특별함을 드러낼 수도 있다.

반짝이는 아이디어를 잡을 준비가 됐는가. 먼 여행을 떠날 채비를 할 필요는 없다. 준비된 자는 가까이에서 찾을 수 있는 것이므로!

반짝이는 아이디어를 잡을 준비가 됐는가.
먼 여행을 떠날 채비를 할 필요는 없다.
준비된 자는 가까이에서 찾을 수 있는 것이므로!

Michael Bhaskar

마이클 바스카

마이클 바스카는 작가이자 기업가이다. 그는 런던에 거점을 둔 새로운 형태의 출판사인 카넬로(Canelo)의 공동 창업자이며, 출판 책임자를 겸하고 있다. 《The Content Machine and Curation》의 저자이며, 세계 AI 연구실을 선도하는 Writer-in-Residence at DeepMind의 작가이다. 트위터 계정은 @michaelbhaskar이다.

모든 것에 호기심을 가져라

새로운 책을 접하든 새로운 프로젝트를 시작하든, 우리는 새로운 배울 거리를 얻게 된다. 공부는 나에게 지질학적 기록과 같다. 시간이 흐를수록 층층이 쌓여 두터워지니 말이다. 오래된 지식 위에 새로운 지식이 쌓이고 또 더 새로운 지식이 쌓이고…. 당신은 날마다 더 나아지기만 하면 된다.

이러한 생각을 마음속에 갖고 있기에 한 가지 공부법만 골라내는 것은 힘들다. 그래서 내가 배우고 쓰고 생각하고 공부하기 위한 기준이 된 색다른 방식 다섯 가지를 추천해보고자 한다. 이 방식들은 서로 공통점은 없지만 내 입장에서는 괜찮다고 생각되는 원칙들이다. 이 원칙들은 내 삶의 일부, 특히 내 집필 활동의 소중한 일부가 되었다.

모든 것을 최소 두 번 이상 쓴다

이것은 내가 학교를 다닐 때부터 만든 습관이다. 나는 선생님이든 어머니든 누군가가 시켜서 하는 일을 몹시 싫어했다. 그래서 나는 누구에 의해서가 아니라 오로지 스스로 마음먹은 일만 해냈다. 내가 하기로 마음먹은 그 일은 아주 간단했다. 그날 학교에서 배운 모든 내용을 보다 깔끔하고 보기 좋게 다시 쓰는 일이었다. 즉, 학교에서 듣고 배운 내용을 필기하고 그러고 나서 다시 또 한 번 필기하고, 그렇게 두 번씩 쓰는 것이다. 이것이 그때부터 지금까지 이어지고 있는 나만의 습관이다. 이메일을 보낼 때도 마찬가지이다. 그냥 메일 보내는 란에 직접 써서 바로 보내지 않고, 별도의 문서 파일에서 작성한 후 복사해서 메일 보내는 란에 붙여 넣어 보낸다. 책이나 리포트에 필요한 부분을 써두었다면, 나중에 시간이 날 때 다시 써 본다. 이런 방식은 무언가를 외울 때도 유용하다. 반복을 통해 더 잘 기억하게 되기 때문이다. 그것은 당신이 반복을 통해 실수를 발견해 뿌리째 뽑아버린다는 것을 의미한다. 그리고 지식을 보다 친숙하고 쉽게 만들어준다.

모든 것은 클라우드 안에 저장한다

내가 처음 책을 쓸 때의 일이다. 나는 출판 관련 업무와 연구 활동을 하면서 영국 국립도서관과 집을 비롯한 다른 여러 공간에서 업무를 봤다. 그때 처음으로 클라우드에 문서 올리는 방법을 알게 됐다. 아이디어가 떠오르면 바로 클라우드에 문서를 집어넣어 어디에서 업무를 보든 내가 쓴 메모와 아이디어를 바로 열어볼 수 있게 했다. 나는 첫 책을 마무리 짓기 위해 터키에 있는 해변가의 집을 빌렸고, 두 번째 책을 쓸 때는 스코틀랜드의 숲속에 있는 작은 오두막집을 빌렸다. 이처럼 공간에 제약이 없는 활동은 클라우드를 이용함으로써 가능해졌다. 이는 전 세계를 내 업무 공간으로 만들어주었고, 이제 다른 방식으로 일하는 것은 상상하기도 어렵게 되었다.

산책한다

앉아 있는 사람의 뇌를 찍은 사진을 보면, 어렵고 까다로운 일을 하고 있을 때조차 정신적 활동량이 상당히 낮은 것을 알 수 있다. 하지만 20분 정도라도 산책을 하고 온 사람의 뇌는 활성화된 상태를 유지한다. 이것은 규칙적으로 산책하는 것이 내 일상이 된 후에 알게 된 신경과학적인 사실이다. 모두가 알듯이 걷는 시간은 생각하기에 가장 좋은 시간이다. 걷다 보면 자신에 대해 잊을 수도 있고, 아이디어나 이야기를 아주 쉽게 가지고 놀 수도 있다. 걷기를 하면 생각이 터져나오고, 그것은 독창성의 원천이 된다. 최근에, 나는 새로운 책을 준비하고 있는데, 아이디어가 떠오르지 않고 구성이 잘 진행되지 않아서 내 아이디어가 잘못됐다는 생각이 들었다. 그래서 10개월 된 아들을 유모차에 태우고 무작정 산책을 나갔다. 헤드폰도 없이, 시원한 바람을 맞으며 평화로이 잠든 어린 아들과 단둘이서 옥스퍼드의 거리와 광장, 공원을 두 시간가량 돌아다녔다. 산책이 끝날 무렵, 새로운 콘셉트와 구성으로 모든 것이 맑고 분명해지는 느낌이었다. 얼른 집에 가서 떠오른 아이디어를 적을 생각에 습관대로 두 번, 클라우드에 올린다 몸이 근질근질했다. 나의 제안은 이것이다. 당장 책을 내려놓고 밖으로 나가 두 다리로 걸으면서 자신의 일에 대해 생각을 가다듬어보라. 바로 지금 말이다!

계획 없이는 절대 글을 시작하지 않는다

장문의 이메일, 계약서, 소설, 에세이, 박사논문 등등 무엇이 됐든 간에 사람들이 가장 많이 하는 실수는 한마디로 계획이 부족하다는 것이다. 컨디션이 최상이어도 글을 쓴다는 것은 쉽지 않다. 어떤 방향으로 쓸지, 왜 써야 하는지, 나아가 뭔가를 쓰면서도 다음 문장을 어떻게 써야 할지 정확히 모르겠다면 정말로 힘든 일이 될 것이다. 이것을 극복하려면 처음부터 방향을 제대로 잡아야 한다. 짜임새 있는 계획이 필요하다. 나의 경우에는 주로 손글씨로 계획을 써나가며 중요한 핵심과 구성을 짚어나간다. 그러고 나서 이것을 컴퓨터에 다시 옮긴다. 손으로 쓴 문서의 핵심을 다시 세분화해 발전시키는 것이다. 예를 들어, 내가 책을 쓰고 있다면 책에 대한 전반적인 계획이 있을 것이고, 각 장마다 상세한 계획이 있을 것이고, 각 부분마다 더 세밀한 계획이 있을 것이다. 결과적으로, 글을 쓰기 시작하면 무슨 말을 할지, 어떤 순서로 쓸지 이미 알고 있는 상태로 시작해야 한다. 그러면 글이 물 흐르듯 진행된다.

세상에 불필요한 지식은 없다

공부하는 것은 내게 있어 언제나 그 자체로 목적이었

지 수단이 아니었다. 지식, 그것이 무엇이든 간에 나는 항상 갈망해왔다. 무언가를 아는 것은 흥미롭고, 보람 있고, 풍부하게 만드는 일이다. 케임브리지대학의 조셉 니댐이라는 저명한 석학에 대한 책을 읽은 적이 있다. 그는 '불필요한 지식은 없다'라는 좌우명을 갖고 있었는데, 나 역시 그것을 내 좌우명으로 삼았다. 다시 말해, 우리가 알고 있지만 무의미하다고 생각했던 것이 뜻밖에 유용해질 때, 무척이나 놀랄 수 있다는 것이다. 어쩌면 그것은 당신의 거래를 성사시키는 생각지도 못했던 대화에서 나올 수 있다. 어쩌면 그것은 어려운 시험 문제에 관련된 힌트로도 나올 수 있다. 어쩌면 그것은 퀴즈를 풀 수 있는 유용한 정보의 조각으로 나올 수도 있다. 하다못해 어쩌면 그것은 가족 모임에서 시부모님께 깊은 인상을 남기는 데 도움이 될 수도 있다. 중요한 건, 그것이 언제 어떻게 쓰일지 아무도 모른다는 것이다. 하지만 우리가 더 많은 지식을 가질수록, 그것을 예상하지 못한 순간에 더 많이 만나게 될 것이고, 얼마나 유용하게 쓰이는가에 대해 끊임없이 놀라며 기뻐하게 될 것이라고 나는 확신한다. 물론 더 깊고 더 두텁고 더 다양한 시각을 가질 수 있는 그 자체로도 충분한 보상이 될 수 있다. 조언하고 싶은 것은 이것이다. 열심히 읽고, 닥치는 대로 읽고, 끊임없이 읽어라. 과도하다 싶은 독서란 없다. 모든 것에 호기심을 가져라. 주변에 관심을 갖고 귀를 기울이기 바란다.

그리고 어떠한 것도 알 가치가 없는 것으로 폄하하지 마라. 서점에 가서 한 번도 들어본 적이 없는 책을 찾아 읽고, 구입하고, 당신의 세계를 넓히기 바란다.

아직도 그 자리에 있는가? 당장 나가서 산책과 사색을 시작해보자.

당장 책을 내려놓고 밖으로 나가
두 다리로 걸으면서 자신의 일에 대해 생각을
가다듬어보라. 바로 지금 말이다!

Dave Ulrich

10
데이브 울리히

데이브 울리히는 미시간대학교 로스 경영대학원의 경영학 교수이며, 조직과 리더들의 능력 향상에 도움을 주는 컨설팅 회사 RBL그룹의 공동 설립자이다. 그는 200여 편의 논문과 30여 권의 저서를 출간하였다. 허먼밀러(Herman Miller)의 이사로 17년 동안 근무하였으며, 현재는 National Academy of Human Resources의 특별회원이다. 90여 국가에서 강연했으며, 《포춘(Fortune)》 선정 200대 기업 중 절반 이상이 그의 워크숍에 참여했다. 그는 끊임없이 공부하면서 복잡한 아이디어를 간단한 해결책으로 제시하여 함께 일하는 동종업계의 사람들이 새로운 가치를 창출할 수 있도록 돕고 있다.

아이디어를 친한 친구로 만들어라

최근에 한 친구가 내 중독 증세를 두고 하이퍼그라피 아^{hypergraphia}라고 했다. 내가 초콜릿 마니아라는 것과 학구열이 강한 사람이라는 건 익히 알고 있지만, 하이퍼그라피아라고? 그게 무슨 말이지? 나중에 하이퍼그라피아가 '글쓰기 중독증'이라는 뜻임을 알고 나서야 친구의 말에 고개를 끄덕였다. 맞다. 나는 확실히 쓰는 것을 좋아한다.

나는 대학에서 영문학을 전공했다. 다른 사람의 생각을 읽고 내 것을 써내는 것이 학위를 받는 길이었다. 그러던 중 조직행동이라는 과목을 수강하게 됐는데, 이것이 내 직업을 정하는 결정적인 계기가 되었다. 내 멘토 중 한 분인 보너 리치 교수는 우리의 삶 속에 있는 다양한 조직을 관찰해, 거기에서 배운 것을 쓰라고 했다. 나는 그 수업에 매료돼 분기별로 10페이지씩 꾹꾹 채워 제출했다. 나는 이것을 응용해 영문학 시간에도 조직을 관찰한 내용으로 과제물을 내기도 했다. '실낙원 속 힘의 원천Sources of power in Paradise Lost', '리어왕이 타인에게 끼친 영향력King Lear's ability to influence others', '이상적인 조직형 인간, 베어울프Beowulf, the ideal organization man' 등이 그것이다. 리치 교수는 나에게 영문학과의 수업 실태와 졸업생들의 의견을 바탕으로 영문학과의 질적 상태에 대한 연구로 학위 논문을 써보라고 권하기도 했다. 그는 자신이 예상했던 대로 영문학과 측에서는 나의 날카로운 비판을 기뻐하지 않았다며 크게 웃었다.

그렇게 나의 하이퍼그라피아는 나의 OCDOrganization Compulsive Disorder, 즉 조직 강박증에 방아쇠를 당겼다. 그래서 수십 년 동안 조직이 어떻게 작동하는지, 어떤 패턴을 보이는지 줄기차게 공부했다. 나는 결국 복잡한 데

이터에서 간단한 패턴을 연구하는 수치분류학이라는 과학 분야에서 박사 학위를 받았다. 이후 30여 년이 넘는 시간 동안 매년 책을 한 권씩 썼고, 지금은 매주 링크드인^{linkedin}에 글을 올리며 댓글도 달고 있다.

하이퍼그라피아^{글쓰기 중독}와 조직 연구에 대한 열정^{일종의 OCD}, 그리고 분류 습관^{패턴 읽기}, 이 세 가지의 결합은 나와 내가 가진 아이디어들을 서로 친한 친구로 만들어주었다. 그 이유는 다음과 같다.

아이디어라는 친구는,

- 왔다가 잠시 머무르고 떠난다.
- 내 의견에 동조해주고 때로는 새로운 방향으로 도전하게 한다.
- 나를 웃게 하고, 울게 하고, 사색하게 하고, 축하하게 하고, 과거의 추억을 음미하게 한다.
- 대부분 긍정적인 경우가 많다.
- 함께 산책하고 드라이브를 가고, 자고 있거나 깨어 있을 때도 함께할 때가 많다.
- 다른 사람과 이야기할 거리를 제공한다.

- 내가 개인적인 시간이 필요할 때는 조용히 있어 주고, 내가 주의를 기울여야 할 때는 일깨워준다.
- 내 삶의 의미를 정의하고 발견하는 데 도움을 준다.

나는 조직과 리더십, 인재들에게 긍정적인 영향을 주는 새로운 아이디어에 관심이 많다. 나는 이 아이디어들과 친구가 되고, 그것들이 나와 다른 사람들을 어떻게 변화시키는지 지켜본다.

자기 아이디어와 친구가 되고 싶은 사람들에게

첫째, 관찰하는 법을 배워라. '흥미롭고' '평범하지 않으며' '도전이 될 만하고' '영향력 있는' 것을 찾아 나서고, 그것을 관심 있게 관찰하라. 흥미로운 것들은 오래된 질문에 신선한 통찰력을 준다. 평범하지 않은 것들은 반灭직관적인 것들이다. 도전이란 무엇인가. 확실한 답은 없고 문제만 있는 상태이다. 영향력이 있다는 것은 무엇인가. 누군가에게 혹은 무언가에 어떤 변화를 일으킨다는 의미이다.

둘째, 성찰이 필요한 관찰에 대해 질문하라. 답이 없는 좋은 질문은 새로운 통찰력을 가져다준다. 내가 했던 질문 중에는 다음과 같은 것들이 있었다.

- 동일한 제품으로 동일한 수익을 내는 두 회사의 시장 가치가 다른 이유는 무엇인가?
- 무엇이 조직의 특성을 만드는가? 형태(구조)인가? 심리적 요소(구성원)인가? 아니면 집단적 특성(패턴)인가?
- 어떤 조직은 거듭나 성장하고, 어떤 조직은 조용히 사라지는 이유는 무엇인가?
- 해야만 하는 것을 할 수 있는 것으로 만드는 주체는 사람들인가? 아니면 조직인가?

정답이 쉽게 나오는 질문들은 고려할 가치가 없지만, 미지의 것을 들여다보는 질문들은 창의적인 사고를 끌어낸다. 나 역시 그런 질문들에 대해 심도 있게 생각해 보는 것이 흥미롭다. 쉽게 대답할 수 있는 질문이라면, 누가 알고 싶겠는가?

셋째, 패턴을 찾아보라. 분류학자들은 다양한 사건들을 공통된 패턴으로 묶는다. 나 또한 그런 작업을 좋아한다. 이것은 메타 분석으로서, 독립적인 연구 하나하나가 결합돼 패턴을 이루는 것이다. 내가 좋아하는 일은 개념적으로 메타 분석을 하는 것이다. 예를 들어, 무엇이 효과적인 리더십을 구성하는지에 대한 무수한 연구 끝에, 우리는 리더십 코드의 5가지 영역을 알아냈다. 패턴을 보는 또 다른 사례로, 변화를 일으키는 모든 요소를 알아낸 뒤 리더십을 지속 가능하게 만드는 7가지 원칙과 비교하며 연구했다. 패턴들을 발견하기 위해, 축적된 개별 경험들로부터 3~7개의 메타 주제를 꼼꼼하게 살펴본 후, 그 경험들을 패턴에 넣는 것이다.

넷째, 초안을 쓰고, 그것을 수정하고, 또 수정하라. 그리하여 아이디어가 글이 되는 순간 비로소 형식을 갖추게 되고, 이때의 글쓰기는 과학이라기보다 예술에 가깝다고 할 수 있다. 말 그대로, 글이란 것은 씀으로써 탄생한다. 나는 내가 가지고 있는 생각에 대한 흥미로운 내용을 '아이디어 친구'라는 메모장에 기록한다. 글을 쓸 때가 되면, 나는 관심 있는 현상을 이해하고, 가치가 있는 질문을 하고, 그 질문에 대한 대강의 형식이나 패턴을 만든 다음, 메모장에 있는 내 아이디어 친구로부터 얻은 흥미로운 것을 그 형식에 넣는다.

끝으로, 할 만한 가치가 있는 모든 일을 우리가 다 잘할 필요는 없다는 것을 알아야 한다. 글쓰기는 완벽함에서 시작하는 것이 아니라 행동에서 시작한다. 무엇이든지 초안은 형편없는 경우가 많지만, 시작이라는 행동 면에서는 할 만한 가치가 충분히 있다. 사람 사이의 우정처럼, 나의 아이디어 친구들도 나의 시간과 관심을 필요로 한다. 보통 우정은 하룻밤 사이에 생기지 않고, 시간이 흐르면서 숙성되고 발전한다.

아이디어에 대해 깊이 생각하고, 어떻게 하면 내가 관찰한 것을 언어로 잘 표현할 수 있을지 고민하라. 그래야만 당신의 말을 듣거나 읽는 사람들이 아이디어를 머릿속에 그릴 수 있다.

지금까지 아이디어라는 내 친구를 소개했다. 여러분에게도 이런 친구가 있는가? 꼭 사귀어서 우정을 꽃피우길 바란다.

Aaron Marcus

11
애런 마커스

애런 마커스는 유저 인터페이스 디자인 회사 Aaron Marcus and Associates, Inc.의 설립자이다. 미국 그래픽 디자인 인스티튜트(AIGA)의 펠로우이며, CHI Academy의 회원이다. 또한 시카고 디자인 인스티튜트(IIT Institute of Design)와 상하이 통지대학(Tongji University) 디자인혁신학부의 초빙교수이기도 하다. 29권의 저서와 300편 이상의 논문을 썼고 1980년부터 전 세계를 다니며 UX/HCI/CHI 관련 강의와 지도를 하고 있다.

나만의 것을 만들기 위해 분류하고 정리하라

메모하는 습관

지난 60여 년간 책을 읽을 때나 학교에서 강의를 들을 때나 사업차 미팅을 할 때, 심지어 사교 모임이나 개인적인 만남에서도 꼼꼼하게 메모하는 습관을 지켜오고 있다.

내가 중학교 1학년 때 책을 읽으면 항상 메모할 것을 권장했던 선생님과 고등학교 2학년 때 "책을 읽을 때는 항상 옆에 종이를 두고 손에 연필을 쥐고 있어라"라고 말씀했던 수학 선생님이 있었다. 그 조언은 세월이 흘러도 나를 따라다녔고 가치 있게 느껴졌다. 그 조언대로 책을 읽을 때마다 종이와 연필은 나의 친구가 되었다.

　세월이 흐르면서 읽고 있는 책 안에 직접 펜으로 잘 보이도록 메모를 했다. 몰입해야 하는 책일수록 더 꼼꼼히 표시했다. 특히 성인이 되어 읽은 책 중에 2007년에 출간된 데보라 태넌의 책《그래도 당신을 이해하고 싶다 You Just Don't Understand: Women and Men in Conversations》는 읽으면서 매우 꼼꼼하게 메모해둔 기억이 난다. 수없이 공감했던 부분, 공감하기 쉽지 않았던 부분, 또 무슨 뜻인지 알 수 없어 의문이 남았던 부분들을 메모해두었다. 그 책에는 저자의 텍스트와 나의 필기가 나누는 '대화들'로 가득 차 있었다.

　나는 몇몇 책의 경우, 책의 개요나 메모를 붙여놓았다. 아이작 아시모프의 1985년 작《로봇과 제국 Robots and Empire》에는 그런 포스트잇을 50개나 붙여놓았는데, 그 이유는 아시모프가 이미 30~40년 전에 예측한 아이디어와 소재들이 무척 흥미로웠기 때문이다. 나는 로봇에 대한 글을 쓰기 위해 준비 중이었으므로 이런 표시들은 특정 페이지의 특정 부분을 리마인드하는 데 도움이 되었다.

또 다른 나의 필기의 방법은, 책과 기사를 읽을 때 해당 부분에 밑줄을 긋고 표시를 하는 것이다. 내가 정말로 좋아하는 단어, 구절, 문장에는 웃는 얼굴 모양을, 좋아하지 않는 부분에는 울상을 한 얼굴을 그려넣기 시작했다. 단순히 밑줄 긋는 것 말고도, 새롭게 느껴지거나 특별히 중요하게 생각되는 단어에는 가늘게 네모 박스를 쳐놓기도 했다. 이런 네모 박스는 뜻이 정확하지 않은 단어에도 표시해놓았다. 또한 새로운 용어나 핵심 용어의 정의를 잊어버린 듯한 저자를 보면, 나의 인내심을 나타내는 표시로 상자들 근처에 '＝?그래서 무엇? 작자가 무엇을 말하려는지 도통 모르겠을 때'를 표시하곤 했다.

표시해야 할 글이 많은 경우, 노란색 형광펜으로 죄다 긋는다거나 하는 행동은 하지 않았다. 일반적으로 글에서 중요한 부분이 나오거나 다이어리에 적어둔 수많은 것들 중에 중요한 것이 있으면, 검은색으로 큰 동그라미를 그려 중요도를 표시하거나 동그라미 안에 느낌표를 그리기도 했다. 중요한 내용이 많으면 전체를 뭉뚱그려

말풍선처럼 묶어놓았다. 많은 분량 전체를 죄다 선을 긋거나 형광펜으로 표시하면 아무래도 가독성이 떨어지고, 복사할 경우에는 제대로 파악할 수 없기 때문이다.

비록 지금은 컴퓨터를 이용하지만, 나의 메모 습관은 변함없이 계속되고 있다. 내용이 좀 많다 싶으면 종이에 메모하지 않는데, 이는 쉽게 불러오거나 이메일로 바로 보낼 수 없기 때문이다. 강연자가 강의하는 중에 메모할 때나 전화로 말하거나 전화 회의에 참여하는 경우에는 헤드셋을 착용한 채 두 손을 자유로이 쓸 수 있으니 컴퓨터에 메모하는 것이 유용하다.

물론 직접 손으로 쓴 메모들은 휴대폰으로 사진을 찍어 프로젝트별로 혹은 주제별로 저장하기도 하고 동료들에게 바로 이메일로 보내기도 한다.

분류하여 보관하기

나는 필요한 정보를 수집하고 관리하기 위해서 개인적으로나 업무적으로 중요한 언론 기사들, 작성한 메모들, 이미지는 물론이고 종이 형태의 문서들까지 전부 핵심 주제를 정해 라벨을 붙여 관리한다.

업무와 관련해서 알파벳 순서대로 분류된 파일 보관함을 6개 이상 가지고 있다. 중국, 컴퓨터그래픽, 정보디자인, 메타포Metaphors, 기호와 상징, 시간 등이 그것이다. 나는 50년 넘게 그런 정보들을 수집해왔으며, 이 주제들은 내 컴퓨터 안의 폴더에도 동일하게 저장돼 있고, 여기에도 동일한 분류법이 적용돼 있다. 만약 어떤 특정한 주제의 정보가 필요하면, 나는 어디에서 찾아야 하는지 바로 알 수 있다. 만약 내가 잡지에서 흥미로운 것을 발췌하거나, 사진을 찍거나, 인터넷에서 관심을 끄는 것을 PDF 파일로 저장한다면, 나는 그것들을 항상 신속 정확하게 찾을 수 있도록 잘 정리하여 보관해둔다.

내게 특별히 중요한 것은, 전자 파일을 저장할 때의 정리 방법이다. 파일 이름을 일련의 키워드로 구성하는데, 파일 이름의 첫 부분은 그 자료의 핵심 주제로, 마지막 항목은 날짜로 출판일 또는 내가 저장한 날의 연월일을 6자리 숫자로 만들고, 사이사이에 마침표를 넣어 구분한다. 중요한 주제가 되는 용어들은 저자 이름, 문서 제목 중의 키워드, 신문이나 웹사이트 등의 출처 혹은 주제나 부제 등을 포함시키는 게 좋다. 물론 다른 방법들도 있겠지만, 이것이 내가 반세기 동안 사용해온 방식이다.

그러다 보니 책장 선반 밖으로 튀어나온 분류 카드며, 문서를 그룹별 주제로 정리한 리스트며… 나의 개인 서재에는 알파벳 순서로 정리된 약 3천 개의 문서들이 즐비하다.

어떤 사람들은 문서 정리에 집착하는 내 모습을 비웃기도 한다. 개인적으로 30~40년 전부터 매일 종이로 된 달력과 다이어리를 써왔다. 어린 시절에 그린 우주선, 로봇, 광선총 그림도 갖고 있고, 어린 시절에 즐겨 보던 만화책 시리즈도 소장하고 있다. 그중에 1950년대의 모든 MAD 만화책들반항적이고 호기심 많고 지적인 10대들을 위한 혁신적인 풍자 만화책 시리즈, 현재까지 출판 중이다은 소장 가치를 꽤 인정받고 있는, 내가 소중하게 생각하는 책들이다. 물론 지난 35년간 회사 프로젝트들을 진행하면서 모아둔 수많은 폴더와 문서 박스들도 갖고 있다.

하지만 이러한 내 수집벽은 나 자신뿐 아니라 회사에

도 종종 도움이 됐다.

이런 일도 있었다. 프로젝트를 진행했던 한 고객사가 프로젝트를 끝내고 몇 년 후에 당황해하며 우리에게 그 프로젝트의 작업 문서를 아직도 가지고 있느냐고 묻는 것이었다. 나는 지난 35년간 진행했던 모든 종류의 문서를 보관하고 있었으니 당연히 가지고 있었다. 그 고객사는 법적 또는 기술적 이유로 정부 기관에 사본을 제공해야 하는데 사내 자료 보관소에서는 찾을 수 없었던 것이다. 우리 측은 그간 저장하고 있었던 모든 서류와 파일의 복사본을 만들어 고객사에 제공했고 그 일에 대한 보상을 받았다. 우리도 보람을 느꼈고, 고객사도 안도의 한숨을 쉬었던, 기억에 남는 순간이다.

또 다른 경우도 있었는데, 두 대형 컴퓨터 회사 간의 법적 분쟁에 전문가 증인으로 내가 서게 되었을 때다. 법적 논쟁의 일부는 약 20~30년 전 제품이 출시되었을 당시의 단어 하나의 의미에 달린 첨예한 문제였다. 나에게는 약 30년 정도 지난 컴퓨터 용어 사전이 있었고, 나는 고객을 위해 그 내용을 참고하여 나의 소임을 성공적으로 마칠 수 있었다.

나는 은퇴를 준비하면서 내가 가진 3천 권에 달하는 책과 출판물, 주제별 수집 문서 등 내 업무를 위한 서재 전체를 샌프란시스코에 있는 레터폼 아카이브The Letterform Archive라는 기관에 기부했다. 나의 정보 수집 및 메모하는 습관이 미래의 전문가들, 교사들, 학생들, 연구자들에게 도움이 되기를 바라면서 말이다.

지난 50년 동안 축적한 나의 기술이 젊은 세대에게 도움이 될 것을 생각하니 기쁘지 않을 수 없다.

그 책에는 저자의 텍스트와
나의 필기가 나누는 '대화들'로
가득 차 있었다.

James Croak

12
제임스 크로크

제임스 크로크는 일리노이대학에서 조각을 전공한 예술가이자 작가이다. 흙으로 만든 조각 〈Dirt Baby〉 시리즈와 〈Dirt Man〉 시리즈를 포함하여 30여 작품이 유명하다. 그가 찍은 밤 풍경 사진은 〈The Other Twelve Hours〉라는 비범한 이미지를 만들어 냈다. 크로크는 예술과 문화에 대해 폭넓게 글을 쓰고 있으며 100편이 넘는 에세이를 출간하였다.

공부를 잘하고 싶다면 음악과 친구가 되어라

음악을 연주함으로써 뇌가 얻게 되는 긍정적인 효과와 새로운 정보 처리 능력 향상은 너무나 잘 알려졌기에 여기에서는 생략하겠다. 대외적으로 많이 알려지지 않았지만, 나 역시 평생을 클래식 음악인으로 살아왔다. 매일 아침 5시 30분에 일어나 1시간 정도 기초적인 테크닉을 연습하기 위해 짧은 곡들을 연주해왔다. 열세 살 때부터 지금까지 꾸준히 해오고 있는 일이다. 저녁에는 이미 아는 곡들과 배우고 있는 곡들을 섞어 연주하는 시간을 갖는다.

다른 어떤 행위도 음악을 배우고 곡을 연주하는 것만큼 내게 재치와 습득력을 가져다주지 못했다. 만약 여러분이 무언가를 공부해야 하거나, 무언가를 만들어야 하거나, 무언가를 써야 하거나, 복잡한 문제나 절차를 배워야 할 필요가 있다면, 클래식과 같은 음악으로 여러분의 마음을 적절하게 준비시키길 바란다.

나는 때로는 조각가, 때로는 사진작가 등 여러 가지 모습으로 살고 있다. 또한 예술과 문화 비평에 관한 책들을 광범위하게 출간하기도 했다. 여러 기사와 책들을 읽고 그 정보를 통합해 나만의 글과 예술에 접목하는 것이 나의 일이다. 나는 우연한 계기로 어느 정도의 연주 수준을 유지하기 위해서는 연습을 거듭하는 것만이 핵심 비결이라는 것을 알게 됐다.

예전에는 어린아이들이 악기를 배우는 게 흔한 일이었지만, 최근에는 악기를 배우고 연습하는 것이 구식이라는 느낌을 받는 사람들이 많아진 것 같다. 내 조카들의 경우만 봐도 두 명은 아시아에 있고 네 명은 미국에 있는데 그 누구도 피아노 레슨을 받으면서 혹독한 연습을 하거나 힘든 훈련을 하지 않는다. 그러나 이 교육 단계를 생략하면서, 우리는 뇌가 자유롭게 사고하여 처리할 수 있는 능력과는 멀어질 수밖에 없는 정신 상태를 만들고 있다.

세상에는 음악을 통해 정신적인 준비와 훈련을 하는 많은 사람들이 있지만, 여기서는 대표적인 두 사람의 경우만 살펴보기로 하자. 아인슈타인은 위대한 물리학자일 뿐만 아니라 뛰어난 바이올리니스트이기도 했다. 그는 청소년기를 모차르트와 베토벤의 바이올린 소나타를 배우고 연주하며 보냈다고 한다. 그가 외부 요인[주]력에 의해 변형될 수 있는 시공간이라는 개념을 제시함으로써 수 세기 동안을 지배해온 뉴턴의 물리학을 뒤집은 때가 그의 나이 스물네 살이었다. 그는 일생 동안 다양한 사중주곡을 연주하면서, 새로운 물리 법칙으로 물리학 분야에 지대한 영향을 끼쳤다. 아인슈타인 하면, 20세기의 두 위대한 물리학 이론 중 하나인 상대성이론을 떠올리지만, 그가 수천 시간의 음악과 함께한 클래식 음악인이었다는 것을 아는 사람은 그리 많지 않은 것 같다.

자, 그렇다면 20세기 위대한 물리학 이론 중 나머지

하나는 무엇일까? 바로 양자역학이다. 이 개념을 정립한 사람은 막스 플랑크이다. 이 위대한 물리학자는 어릴 적부터 성악, 첼로, 오르간, 피아노를 배웠고, 오페라를 포함해 다양한 곡을 작곡했다. 그렇게 음악에 열중하면서도 어떻게 플랑크 가설이란 것을 제안해 노벨 물리학상까지 받았는지, 놀라울 따름이다.

세계적 권위의 노벨상 수상자이자 물리학 역사의 한 획을 그은 두 명의 거물은 클래식 음악인이라는 공통점이 있다. 이것이 우연의 일치일까? 아니다. 그들은 음악과 함께 물리학을 공부함으로써 다른 사람들이 상상할 수 없는 놀라운 연관성을 도출할 수 있었던 것이다. 플랑크의 멘토가 그에게 "모든 것이 이미 발견됐으니 물리학 때문에 너무 애쓰지 마라"고 했다는 일화가 전해지는데, 추측건대 그 멘토는 음악인이 아니었을 것이다.

1991년, 《네이처》는 클래식 음악을 들으면서 공부하면 뇌의 능력치가 개선된다는 기사를 실었다. 해당 기사에 따르면 고등학생들이 모차르트나 슈베르트의 음악을 들으면 더 큰 공간지각력을 보여준다고 했다. 더 정확히 말하면, 접혀 있는 종이를 보고서 펼쳤을 때의 모양을 더 잘 예측할 수 있다는 것이다.^{아인슈타인과 플랑크도 그랬을 것이다.} 그들의 뇌가 단시간에 달라질 수는 없겠지만, 다른 영역, 가령 수학적 영역이 자극되고 활성화된다고 해석할 수 있다.

음악을 듣는 것과 학습의 연관 관계에 대한 연구는 이미 많이 나와 있지만, 내가 아는 한, 악기를 연습하고 연주하는 행위와 학습의 연관 관계에 대한 연구는 많지 않다. 그래서 나는 이러한 연구를 입증할 만한 일화들을 소개해보고자 한다.

음악가들은 손, 팔, 얼굴^{주로 관악기}의 작고 정교한 근육을 쓰는 운동선수들이라고 할 수 있다. 큰 근육을 쓰는 운동선수들보다 한 장소에 일정 시간 서 있거나 앉아 있는 것이 장점이다. 그리고 종종 힘들고 단조로운 연습 시간 동안, 우리는 머릿속으로 작품의 줄거리나 캐릭터를 구성하거나, 우리가 배우고 있는 언어의 동사 활용을 연습하거나, 특히 수학 문제를 푸는 등의 다른 작업을 할 수도 있다.

나는 악기 연주를 하다가 갑자기 조각할 작품에 대한 신선한 아이디어나 내가 쓰고 있는 문화 트렌드에 관한 새로운 연결고리가 떠오를 때면 즉시 연주를 멈추고 달려 나간다. 이 효과는 몇 시간 동안 지속될 수도 있다. 그 상황이 지나가면 나는 다시 악기를 집어 들고 연주를 시작한다. 이렇게 음악을 듣는 것뿐 아니라 연주하는 것이 학습에 매우 효과적이라는 사실을 나는 지금도 체험하고 있다.

　공부를 잘하고 싶은가? 음악과 친구가 되어보자.

공부를 잘하고 싶은가?
음악과 친구가 되어보자.

Stefan Bucher

13
스테판 부커

스테판 G. 부커는 디자이너이다. 그는 데이비드 호크니(David Hockney), 필립 글래스(Philip Glass), 주드 아패토우(Judd Apatow), 나사의 제트추진체연구소(Jet Propulsion Laboratory)의 디자인 작업을 진행했다. 그는 미국에서 ADC Young Gun으로 선정되었고, 북 디자인으로 D&AD Yellow Pencil 상을 수상했다. 출판물과 더불어 그는 타셈 싱(Tarsem Singh) 감독의 영화 〈The Fall, Immortals, Mirror, Mirror〉 등의 제목 디자인을 맡았으며, 그의 저속 드로잉은 에미상을 수상한 TV 프로그램 〈The Electric Company〉에서 소개되었다. 그는 라스베이거스의 몬테카를로 리조트 앤 카지노의 블루맨 극장을 디자인하였고, 삭스 피프스 애비뉴(Saks Fifth Avenue) 백화점의 스크린 쇼 제작에도 참여했다. 스테판은 디자인 아트센터 칼리지(Art Center College of Design)를 졸업한 후 위든+케네디(Wieden+Kennedy), 모더니스타(Modernista)와 매버릭 레코드(Maverick Records)에서 일했다. 그 후 온라인 드로잉 시리즈를 통해 인기 있는 앱 '몬스터 메이커'와 스토리텔링 커뮤니티 '데일리 몬스터(Daily Monster)'를 만들었다. 지금까지 7권의 책을 출간하였고, 그중 베스트셀러인 《나를 찾아가는 344가지 질문들(344 Questions-The Creative Person's Do-It-Yourself Guide to Insight, Survival, and Artistic Fulfillment)》은 확장판으로 재출간되기도 했다.

좋아하는 것을 배운다는 건
인생을 배우는 것이다

9년 전쯤에 처음으로 기타를 배우기 시작했다. 나는 어떤 예술보다 음악을 사랑했기에 기타에 대한 열망 또한 항상 마음속에 갖고 있었다. 그러나 독일에서 살 때 두 명의 선생님^{한 분은 초등학교 때, 한 분은 고등학교 때 선생님}은 나에게 음악이 나와 맞지 않다고 했다. 나의 타고난 소질에 대해 선입견이 있었고, 어떠한 가르침도 주지 않은 상태에서 노래를 부르고 악기를 연주하라고 해놓고선 그런 판단을 내렸다. 친구들은 그런 나를 보고 비웃었지만, 아마 그 선생님들은 내가 그림을 잘 그리니 그쪽으로 더 열심히 하는 게 낫다고 본 듯했다. 나는 선생님 말씀을 잘 듣는 편이어서 잘하는 것만 집중하면 된다고 생각했다. 그래서 열심히 그림 연습을 했고, 마침내 그림과 그래픽 디자인 분야의 일을 하게 되면서 멋진 사람들도 많이 만나게 됐다.

나는 미국으로 이주해, 유명한 레코드 회사들의 커버 디자인을 맡으면서 음악과 연결 고리를 갖게 되었다. 1997년, '위든+케네디'에서 직장 생활을 할 때 중고로 구입한 전자 기타가 있었다. 연주해본 적은 없었지만 쳐다보는 것만으로도 마음이 뿌듯했다.

25년간 디자인 일을 해오다 나는 개인적인 어려움에 맞닥뜨리게 됐다. 업무에 많은 시간을 할애했고 여자친구에게 너무 소홀했던 것이다. 당연하게도, 결국 위기 상황에 놓이고 말았다. 여자친구의 마음을 되돌리고 싶었고 내가 그녀를 얼마나 사랑하는지 보여줘야겠다는 생각이 들어 상처를 서로 주고받은 상태였지만, 아무튼 내 마음은 그때 그랬다 생각해 낸 것이 바로 그 기타였다. 나는 말로 다 할 수 없는 내 마음을 대신 전할 수 있는 노래를 부를 계획이었다.

나는 옐프Yelp라는 앱에서 선생님을 찾다가 로아크 허

니컷과 만나게 됐다. 딱 한 곡만 배울 생각인 나 같은 학생도 받아줄 수 있느냐고 정중히 메시지를 남겼고, 그에게서 "전혀 문제없다"는 답장이 왔다. 나는 기타를 가방에 넣고 곧장 로아크의 연습실로 달려갔다. 그는 내가 배우고 싶어 하는 노래를 쉽게 부를 수 있도록 편곡해서 가르쳐줬는데, 지난 20년 동안 그저 조용히 서 있던, 단지 보기 좋은 나무에 불과했던 악기에서 첫 음절이 나오는 순간, 나의 감격과 기쁨이란 말로 표현할 수가 없었다. 물론 쉽게 연주할 수 있도록 편곡한 곡이었지만 분명 원곡의 느낌이 고스란히 남아 있었다. 내가 이걸 해내다니! 그것도 내 손으로! 믿기지 않았다.

그때를 기점으로 나는 완전히 기타에 빠져버렸다. 내가 그 곡을 잘 소화하자 로아크가 다른 곡도 배워보겠느냐고 물었고, 그리하여 세상의 모든 기타 초보자들처럼 나도 〈원더월Wonderwall〉을 본격적인 첫 곡으로 배웠다. 다음은 피터 그린의 〈알바트로스Albatross〉. 그렇게 다음 곡, 또 다음 곡…. 연주와 레슨이 이어졌다. 나는 항상 책상 옆에 기타를 세워두고 프린터에서 종이가 나오기를 기다리거나 영상을 렌더링할 때처럼 시간이 날 때마다 짬짬이 기타를 들고 연습하곤 했다. 아침에 일어나서도 연습했고, 밤에 잠자리에 들기 전에도 연습했다.

나는 유튜브로 기타 수업을 들었고, 기타와 음계에 관한 것들을 읽기 시작했다. 그리고 내가 가지고 있는 모든 에너지를 기타를 배우는 데 필요하다고 생각되는 모든 것에 쏟아부었다.

이 모든 과정은 나를 위한 일종의 심리치료이기도 했다. 나는 기타를 배우는 것과 인생 교훈을 배우는 것 사이의 유사점이 나 자신의 성장에 매우 큰 도움이 된다는 것을 알았다. 무엇보다도, 기타 연주는 내가 열 살 때 영어를 배운 이래로 백지 상태에서 시작한 유일한 것이었다. 다른 것들은 쓰기, 그리기, 문제 풀기 등 기초의 점진적인 발전이라면, 기타는 기초 없이 시작한 획기적인 발전이었다. 또한 내가 배워가는 모습을 스스로 지켜볼 수 있는 나이에 이르러 시작했다는 점도 특별하다. 나이가 열 살이라면, 지식과 기술이 어떻게 내 것으로 되는지 관심을 가질 시간이 없었겠지만, 마흔 살은 지식과 기술을 배우는 자체에 지대한 관심을 기울이기에 딱 좋은 나이였다.

평생 동안, 나는 배움이란 것을 단순히 시험이나 마감일을 맞추기 위해 짧은 시간에 모든 에너지를 쏟아버리는 것처럼 인식해왔던 것 같다. 기타를 배울 때도 그와 비슷하게 애를 썼는데 아무리 연습해도 제대로 익혀지지 않는 경우가 파다했다. 코드 변경이나 멜로디 라인을 수도 없이 연습했지만, 어떤 부분은 도저히 넘어가지지 않았다. 그런데 좌절감에 지쳐 던져놓았다가 다음 날 기타를 집어 들면, 또 희한하게 전날 밤에 되지 않던 부분이 자연스럽게 연주되는 게 아닌가.

그런가 하면 어떤 때는 성장이 아니라 퇴보하는 것처럼 느껴지기도 했다. 새로운 곡에 덤벼들면 항상 부족함이 보였다. 연습하다 보면 발전이 없는 것 같다가도 조금 쉬워지기도 하고⋯. 생각보다 시간이 많이 걸렸다. 강한 의지만으로 속도를 낼 수 있는 일이 아니었다. 그저 내 수준에 맞춰서 한 발 한 발 꾸준히 나아가는 수밖에 없었다.

이런 점은 내 일과 개인적인 삶에서도 마찬가지였다. 나는 자주 낙담했고 조급했었다. 왜 업무나 상황을 제대로 파악할 수 없었을까? 왜 성공적인 커리어를 더 빨리 쌓지 못했을까? 악기를 배우면서 내가 깨달은 것은, 매일매일 꾸준히 노력한다면 변화와 성장이 뒤따른다는 사실이다. 또한 새로운 수준의 기술이나 훈련 방법으로 놀랄 만한 도약이 일어날 수도 있지만, 그건 매우 드문 경우이고 평상시에 기대할 수 있는 것이 아니라는 것도 알게 됐다. 이 모든 것은 음악 공부뿐 아니라 나의 비즈니스나 개인적인 일에도 마찬가지였다.

4년 전, 보컬 수업을 받았던 때로 돌아가보겠다. 그때는 어찌나 두려웠던지! 노래의 경우는 악기의 도움을 받지 못하니 훨씬 더 힘들었다. 이 수업은 케빈 안드레에게 배웠다. 그는 젊고 친절한 선생님으로, 재즈 음악을 하는 유명한 뮤지션이었다. 그는 첫 수업에서 피아노로 〈아르페지오〉를 치면서 허밍으로 따라 부르라고 했다. 나는 45분 간 어쩔 줄 몰라 눈물이 날 지경이었다. 보컬 수업은 기타 수업보다 훨씬 더 발가벗겨진 느낌을 줬다. 기타를 칠 때는 악기를 잘 다루지 못한다는 느낌이었지만 노래를 부를 때는 뭔가 내 몸에 문제가 있는 느낌이었달까. 하지만 이후 몇 달 동안, 케빈은 내가 자신감을 갖고 점점 더 많은 소리를 낼 수 있도록 도와주었고, 나는 드디어 원하던 노래를 부를 수 있게 되었다. 가장 중요한 것은, 그를 통해 내 목소리가 하나의 또 다른 악기임을 알게 된 것이다. 서서히, 부드럽게 내가 내는 소리를 가만히 들으면서 스스로 연주하고 배워 나가는 나 자신이 악기 그 자체였다. 다만 코로나19 대유행 때문에 보컬 수업을 중단할 수밖에 없었고, 아직 다시 시작할 기회를 잡지 못해 아쉬울 뿐이다.

기타 연주에 자신감이 붙어가면서 노래까지 부르는 경우도 있다 로아크에게 음악 이론과 즉흥 연주를 가르쳐달라고 부탁했다. 나는 항상 음악을 하나의 언어로서 배우고 싶었다. 마치 "공항 가는 길이 어느 쪽입니까?" 혹은 "지금 계산하겠습니다"처럼 교과서에만 나오는 틀에 박힌 문장이 아니라, 즉흥적이고 생동감 있는 표현의 언어를 음악에서도 구현하고 싶었다. 나는 악보 없이 본능적인 무언가를 표현하고 싶었고, 지금도 계속 그렇게 노력하는 중이다. 음계를 연습하고 선생님과 함께 연주하면서 즉흥적으로 멜로디 라인을 만든다. 손가락이 더 빨리 움직일 수 있도록 훈련하고 좀 더 정확하게 들을 수 있도록 듣는 훈련을 하면서 보다 자유롭고 창의적으로 접근하려고 애쓴다. 요약하자면, '뇌와 손을 연결시키려고 노력한다'고 말할 수 있겠다.

이러한 배움의 태도는 수십 년 전, 그림과 디자인을 할 때부터 시작됐다. 지금은 시각예술을 하면서 새로운 아이디어가 떠오르면 바로 실행에 옮길 수 있게 되었다. 여러 가지 도구와 광범위한 재료들을 섞어서 새로운 캐릭터나 디자인을 만들어낼 수 있도록 많이 배우고 많이 연습했기 때문이다. 그 결과물에 대해서도 물론 자신이 있다. 언젠가는 내 음악 작업에서도 그런 수준의 자신감이 생기리라 믿어 의심치 않는다. 그러나 그 옛날 두 독일 음악 선생님이 "음악은 네게 맞지 않아"라고 했던 말이 아직까지도 생생하게 떠오른다. 음악이 내가 유창하게 구사할 수 있는 언어가 되기까지는 더 많은 연습이 필요할 것이다. 그러나 모든 일에 완벽할 필요는 없다. 어떤 일은 재미만 있으면 그만이다. 내게 음악이 그렇다! 즐겁고 재미있는 일이다. 연습할 때는 무언가 배우고 있다는 느낌이 전해지고, 손놀림이 달라지고, 머릿속은 새로운 지식이 정돈되어 배치되고 통합되는 것을 느낀다. 그때의 기분은 뭐라 표현하기 어려울 정도로 좋다!

지금까지 9년간 음악을 배우면서 몇 개의 곡을 작곡하고 녹화해 내 유튜브 채널에 올려놓았다. 선생님 앞에서 연주하는 모습이다. 그러나 아직은 너무 부끄러워 다른 사람 앞에서는 연주한 적이 거의 없다. 내가 처음 배운 그 곡도 결국 그 당시 여자친구 앞에서 연주하지 못했다. 너무 떨려서 도저히 할 수가 없었고, 대신에 두 번째로 배운 〈원더월〉을 들려주었다. 비록 대단히 로맨틱한 건 없었지만, 잠시 동안은 함께 행복할 수 있었다.

몇 년이 지나, 클래식 음악을 전공한 다른 여자친구를 만나게 됐는데 그 친구는 내가 음악에 대한 이론이나 여러 잡다한 질문들을 끊임없이 물어봐도 친절하게 알려줬다. 하지만 그녀가 음악 전공자이다 보니, 그녀 앞에서 연주하는 것은 왠지 꺼리게 되었다. 그래도 용기를 내어 연주해볼걸, 하는 후회가 남아 있긴 하다. 그 과정에서 또 하나 배운 것이 있다. 자신의 실제 실력과 자신감이 종종 비례하지 않는다는 것이다. 디자인과 일러스트레이션을 처음 시작했을 때, 내 자신감은 하늘을 찔렀다. 나는 비즈니스가 어떤 것인지도 모른 채 작품을 팔았다. 나는 내 물건이 훌륭하다고 확신했고, 내가 그렇게 말했을 때, 사람들은 나를 믿어줬다. 나는 몇 가지 방법밖에 몰랐지만, 그 몇 가지를 당당히 말할 줄 알았던 것이다. 물론 음악은 아직도 여전히 어떻게 해야 할지 모르는 수많은 것들에 집중하고 있다. 하지만 괜찮다. 그냥 재미있어서 하는 거니까. 그리고 내게는 아직도 많은 날들이 남아 있다.

강한 의지만으로 속도를 낼 수 있는 일이 아니었다.
그저 내 수준에 맞춰서 한 발 한 발 꾸준히
나아가는 수밖에 없었다.

Eva
Wlodarek

에바 블로다레크

에바 블로다레크는 심리학자로, 심리 코치 겸 강연자이며 베스트셀러 작가이기도 하다. 그녀는 쾰른대학교와 알베르트 루트비히 프라이부르크 대학교에서 독일문학과 철학을 공부한 후 함부르크대학교에서 심리학을 공부했다. 박사 논문의 주제는 '행복'에 관한 것이었다. 여러 해 동안 독일 함부르크에 있는 심리학 연구실에서 자신감이 부족한 사람들을 위해 상담하고 있으며, 성격 발달과 커뮤니케이션 분야에서 영향력 있는 강사로 활동하고 있다. 그녀의 책들은 한국어를 포함해 8개의 언어로 번역되었다.

즐거움을 찾아라, 아니면 만들어라

좋아하는 것을 해라

배움에 관한 나의 핵심 조언은 바로 "좋아하는 것을 공부해라!"라는 것이다. 하지만 해야 할 일을 자기 마음대로 고를 수 있는 사람이 세상에 몇이나 될까.

보통 우리는 순수한 열정만으로 공부하지는 않는다. 재미와는 거리가 멀지만 계속 공부해야 하는 타당한 이유가 너무나 많다. "네가 하고 싶은 것을 하며 살아라"라는 말처럼 자신이 만족할 만한 것을 하며 살기란 쉽지 않은 게 현실이다. 그리고 우리가 공부를 강요당하는 이유는 합리적이고 이해할 만하지만, 기쁨의 측면도 매우 중요하다는 것을 간과해서는 안 된다. 우리의 본성을 거스르지 않고 부합할 때, 우리는 최고의 결과를 얻을 수 있기 때문이다.

공부하는 것이 즐겁다면 최선을 다할 것이고, 그렇다면 이루지 못할 목표는 없을 것이다. 그것이 바로 하고 싶은 일을 하면 해야 할 일보다 더 많이, 더 잘해낼 수 있는 이유이기도 하다. 기쁨은 가장 큰 동기가 될 수 있고 에너지를 가져다준다. 아무도 나에게 이래라저래라 하지 않을 것이고, 나 스스로 열심히 움직일 것이다. 이것이 성공의 기회를 높여줄 것임을 나는 확신한다.

나도 비슷한 경험이 있다. 나는 심리학자로서 순수한 기쁨에서 비롯된 카리스마를 주제로 첫 책을 썼다. 나는 그 주제에 매료돼 종종 새벽 5시에 일어나 일을 했다. 그 결과, 의도한 바는 아니었지만 감사하게도 그 책은 베스트셀러가 됐다. 우리는 선천적으로 자신만의 장점을 갖고 태어난다. 흥미, 호기심, 열정 등의 형태로 나타나기도 하는 기쁨의 표현은 어떤 분야에 재능을 가

졌는지에 대한 척도가 되고, 우리는 그 재능을 계발해야 한다. 이것을 아는 것이 특히 의미가 있다. 그러나 기쁨이 있다고 해서 항상 신이 나는 것은 아니다. 성공 가도를 향해 달리는 길에서 우리는 때때로 좌절한다. 나는 이것을 '병목 증후군bottleneck syndrome'이라고 부른다. 좁은 병목에서 지체되는 현상은 무능함의 증거가 아니라 발전이 없는 것을 의미한다. 흥미 있는 주제를 다루는 기쁨은 그런 어려움을 극복하는 데 도움을 준다. 그리고 여러분이 목표에 도달하지 못하더라도, 설혹 그 목표가 상황에 맞지 않는 것일지라도 그것에 들인 노력에 대해 전혀 후회할 필요가 없다. 왜냐하면 공부 자체가 여러분에게 보상을 주었기 때문이다. 그러므로 공부할 것을 선택하되 가능한 한 자신이 느끼는 기쁨과 애정과 열정에 따라서 선택하기를 바란다. 공부를 더 진행하기 전에 자신에게 물어보라. 기쁨을 느끼고 있는가? 기쁨은 영혼의 언어로서 우리가 발전을 위해 최선의 선택을 했는지에 대한 확실한 증거가 되어준다. 이것은 기쁘게 공부한 많은 성공한 사람들이 동일하게 증언한 바이다. 그들은 그 목적을 위해 공부한 것이다. 명성과 번영은 그들이 보여준 노력의 의도가 아니라 그저 뒤따라온 결과였다.

스스로 공부를 선택하지 못한다면?

만약 여러분이 커리어를 위해서나 개인적인 발전을 위해서 무언가를 배우도록 강요받는다면, 이를 악물고 "이것을 이겨내야 한다"라고 말할 것이다. 하지만 여러분의 인생은 소중하고 아무렇게나 쓰는 그런 게 아니다. 우선 "나는 그게 싫어"라고 불평하는 부정적인 내면의 목소리를 멈춰라. 그것은 그저 자신을 나약하게 만들 뿐이다. 여러분에게 즐거움을 줄 수 있는 공부의 긍정적인 면들을 찾아야 한다. 심리학에서는 이것을 '리프레이밍reframing', 즉 '관점 바꾸기'라고 한다. 싫어하는 일을 좋아하는 일로 바꾼다는 뜻이다. 예를 들어, 회사에서 해외 지사로 나갈 일이 생겼다고 하면 모르는 언어를 공부해야 하니 매우 어려울 것이다. 평소 의사소통을 잘하는 사람이라면 지겨운 문법 따위로 고생하기보다는 회화에 유용한 문장들을 외우는 것이 좋다. 이런 방식이 공부를 더 쉽게 만들어준다.

또한 결과물을 머릿속에 그려보는 것도 도움이 된다. 눈을 감고, 필요한 것을 배웠을 때 얻을 수 있는 것들을 밝고 즐거운 이미지로 상상해보는 것이다.

사람들이 어떻게 당신을 축하하고 당신의 성공을 칭찬하는지 상상이 되는가? 기쁨이 생길 때까지 계속한다. 공부할 때는 이런 느낌을 자주 가지면 좋다. 니체는 "살아야 할 이유가 있는 사람은 거의 모든 상황을 견딜 수 있다"라고 했다. 공부에 대한 태도를 바꾸는 것은 종종 기분을 바꾼다.

공부를 즐기지 못한다면?

만약 우리가 여러 효과적인 심리 기술로도 기쁨을 만들어낼 수 없다면, 우리는 분명히 잘못된 주제를 다루고 있음을 자각해야 한다. 그런 경우에는 몇 가지 명확한 징조가 있다. 아침에 일찍 일어나기가 어렵다. 시간을 아무 의미 없이 보내고 실수를 많이 한다. 마음을 가다듬을 수 없다. 사소한 것들에 대해 지속적으로 불평하고, 두통이나 허리통증을 호소하게 된다. 여기에서 자신에게 질문을 던져보자.

"이런 상황이 정말 계속되어야만 하나?"

현실적 관점에서, 우리가 잘못된 과제, 잘못된 목표, 잘못된 공부를 하고 있다는 것을 솔직히 인정해야 한다. 만약 우리가 변화를 두려워하여 인정하지 않는다면, 그것은 위험을 초래할 뿐이다. 필요하다면, 우리의 몸과 영혼이 우리를 올바른 길로 이끌기 위해 강압적으로 개입할 것이기 때문이다. 급진적으로 변화하는 것은 정말 쉽지 않고, 변화에 따른 어려움도 과소평가할 수 없다. 분명한 것은 변화란 개인의 희생을 요구하지만, 확실히 가치가 있다는 것이다. 나 역시 마찬가지였다. 나는 아주 안정적이고 높은 보수가 보장된 교사라는 좋은 직업이 영 마음에 내키지 않아 그만두었고, 대신 내가 진정으로 원하던 심리학 공부를 시작했다. 물론 그 시간은 쉽지 않았다. 공부를 계속하기 위한 재정을 충당하려고 여러 직업을 전전해야 했고, 학업에 있어서는 나와 맞지 않는 수학 때문에 고전을 면치 못했지만, 심리학을 공부하는 기쁨은 너무나 컸고, 그 기쁨은 지금까지도 계속되고 있다. 우리는 우리의 재능을 살릴 기회가 없는 상황을 결코 좌시해서는 안 된다. 자신을 그 상황의 희생자가 아니라 삶을 만들어가는 주체로 본다면, 결정적인 변화를 일으킬 용기를 낼 수 있다. 우리가 행복한 삶을 원한다면, 우리는 자신에게 본질적인 질문을 던져야 한다. 나는 왜 이 세상에 존재하는가? 내가 타인에게 줄 수 있는 것은 무엇인가? 성장하는 것은 왜 중요한가? 공부란 나에게 어떤 의미인가?

뛰는 가슴에 귀를 기울여보라. 기쁨이 우리에게 올바른 답을 제시할 것이다.

Michael Fossel

15
마이클 포셀

마이클 포셀은 스탠퍼드대학교에서 신경생물학으로 박사 학위를 받았다. 거의 30년간 임상의학 교수로 재직하며 텔로미어(Telomere 말단소립), 노화, 노인성 질환에 관한 한 전 세계에서 손꼽는 전문가로 알려져 있다. 그는 20년 전에 의학적 관점으로 본 텔로미어의 잠재성에 관한 첫 논문을 출간하였고, 의학 교과서인 《세포, 노화, 인간의 질병(Cells, Aging, and Human Disease)》을 집필했다. 그는 여러 의학 저널의 편집장이었고, 미국노화협회의 회장이었으며, 현재는 미국치매학회의 의학 고문이자 세계적 의학 저널인 《OBM Geriatrics》의 편집장이다. 그는 여러 저서와 논문, 기사를 썼는데 《월스트리트 저널》에서 5대 과학책 중의 하나로 칭송받은 《The Telomerase Revolution》이 그의 근작이다. 또한 알츠하이머를 치료하기 위해 텔로미어 치료를 도입한 바이오테크 회사 Telocyte의 설립자이자 대표이기도 하다.

왜 공부하고 있는지 기억하라

이미 책상은 정리했고, 의자는 편안하고, 조명도 밝고, 달리 할 것도 없고, 인터넷도 잘 되는데, 도대체 왜 공부가 안 되는 걸까? 당신은 왜 앞에 놓인 힘든 일에 직면하지 못하는가?

아마도, 너무 어렵게 느끼기 때문일 것이다. 그렇다, 이게 가장 큰 문제다.

공부하는 것은 인생의 어떤 것과도 크게 다르지 않다. 연구를 하든 강의를 하든 자기 업무를 보든, 무슨 일이든 우리는 쉽게 할 수도 있고 하지 못할 수도 있다.

자신감을 갖고 즐겁게 일을 끝낼 수 있는 몇 가지 방법에 대해 살펴보도록 하자.

기억해야 할 첫 번째는, 태도가 재능을 이길 수 있다는 것이다. 어떤 일을 아무리 잘해도 "어렵다, 하기 싫다, 부담스럽다"라고 하면, 어렵고 하기 싫고 부담스러운 일이 되고 만다. 하기 싫은 일은 회피하기 마련이다. 누구인들 피하고 싶지 않겠는가? 공부하는 것을 어려운 일로 생각하면 피하는 것이 당연하고 이성적인 반응이다. 하기 싫은 일은 아예 피하는 것이 합리적일 수도 있다.

하지만 다르게 본다면 어떨까?

여러분이 왜 배우고 싶어 하는지를 기억한다면? 무엇을 하고 싶은지를 기억한다면? 자신의 목표를 기억한다면? 더 정확히 말하면, 목표가 즐거움을 주는 이유에 대해 기억한다면? 그렇다. 여러분이 의사가 되고 싶다면, 그것은 의사를 좋아하고 의사가 되고 싶은 마음 때문이지, 유기화학의 이중결합 분자를 좋아하기 때문이 아니다. 여러분이 변호사가 되고 싶다면, 그것은 변호사가 되고 싶은 마음 때문이지, 계약법 중 특별한 조항이 맘에 들어서 그런 것은 아니다. 정치가나 플로리스트나 우주비행사나 화가도 마찬가지이다. 목표는 당신에게 즐거움을 주고 당신을 움직이게 하는 것이지, 어려움이나 괴로움을 주는 것이 아니라는 말이다. 가는 중에 웅덩이나 돌길을 만났다고 멈출 수는 없는 노릇이다. 앞으로 나아가면서 눈을 들어 어디로 가고 있는지를 보라. 웅덩이가 나오면 돌아가면 되고, 돌길이 나오면 조심조심 넘어가면 된다. 하지만 앞에 펼쳐진 길의 방향을 똑바로 봐야 하고, 길을 잃어서는 안 된다. 공부하려고 마음먹은 이유가 있을 테니, 왜 공부하고 있는가를 떠올려보라. 어떤 순간에도 목표 지점을 잊어버리지 마라.

몇 년 전, 처음 대학 강의를 시작했을 때, 첫 이틀은 패닉이었다. 차를 몰고 캠퍼스에 들어설 때, 나를 비판할지도 모르는 40명의 얼굴을 대해야 한다는 압도적인 공포감을 느꼈고, 두 시간 동안의 강의를 떨리는 목소리로 사투하듯 치러야만 했다. '그들에게 뭐라고 말해야 할까? 그들이 나를 어떻게 생각할까?' 이런 생각들로 이틀을 보낸 후 다음 날 아침 출근길에 불현듯 내가

이 강의를 맡은 이유가 떠올랐다. 이것을 하게 된 결정적인 이유는, 강의 주제가 내가 너무나 좋아하는 내용이기 때문이었다. 내가 좋아해서 그렇게 몇 년을 해온 공부가 아닌가! 그것을 깨닫는 순간, 놀라지 않을 수 없었다. 그러고는 갑자기 그 주제에 대해 이야기하고 싶어서 견딜 수가 없었다. 애초에 이 일이 내 관심사였다는 생각을 하니, '어떻게 하면 40명의 눈을 피할 수 있을까'에서 '빨리 가서 강의하고 싶다'는 마음으로 바뀐 것이다.

내가 하는 일은 이전과 다른 것이 전혀 없었지만, 나는 그것이 더 이상 일로 느껴지지 않았다.

배운다는 것은 가르친다는 것과 거의 동일하다. 어려운 일로 여긴다면, 실제로 어려워지고 피하고 싶어진다. 반면 배우고 싶은 것으로 여긴다면, 마음이 편안해지고 계속해서 하고 싶어 못 견디는 일이 될 것이다. 이것은 재능의 문제, 즉 '내가 하기에 너무 어려운 일인가?'라는 문제가 아니라 '얼마나 하고 싶은가?'라는 태도에 달린 문제라고 볼 수 있다. 일은 동일하지만 보는 시각이 달라지는 것뿐이다. 그저 해야 할 일에서 소중

한 배움의 기회로 탈바꿈된 것이다.

여러분이 왜 배우고 싶은지, 또는 왜 가르치고 싶은지, 또는 왜 다른 것을 하고 싶은지를 떠올리면, 여러분은 어려워 보이는 공부를 회피하고 싶은 마음에서 중요한 것들에 대해 더 알고 싶은 마음으로 바뀔 수 있다. 즉, 모든 가능성은 자기 자신의 마음과 태도에 달려 있는 것이다.

책상 정리가 문제가 아니라, 마음 정리가 문제이다. 바람직한 태도도 필요하지만 현실을 직시할 필요도 있다. 다시 말해, 외국어를 배워야 한다면 한 단어에서부터 시작하면 된다. 책 전체를 공부하고 싶다면 한 페이지에서부터 시작하면 된다. 기말고사를 위해 공부해야 한다면 강의 하나를 들으면서 시작하면 된다. 천 마일의 여행도 한 걸음에서부터 시작된다. 그 첫발을 과감하게 내딛어라.

해야 할 일이 너무 어렵게 느껴진다면 "내가 지금 가장 먼저 해야 할 일은 무엇인가?"를 자기 자신에게 물어보라. 글을 써야 하는가? 그러면 틀부터 잡아라. 공부를 위해 노트를 체크할 필요가 있는가? 그러면 노트부터 찾아라. 인터넷에서 검색할 것이 있는가? 그렇다면 키워드부터 찾아라. 한 번에 하나씩 해나가면 된다. 한 번에 다 하려고 하지 마라. 거대한 코끼리를 먹는 방법도, 코부터 먹든 꼬리부터 먹든 한 번에 한 입씩이다.

만약 여러분이 자신의 생각, 공부 계획, 혹은 자신이 쓴 글을 정리해야 한다면, 그저 그것을 정리하면 된다. 그렇다고 전체를 정리하라는 의미가 아니라, 우선 시작하라는 뜻이다. 무엇을 하든지 계획을 잡았다면 바로 실행해라. 그렇게 한 발을 내딛고, 한 발 더, 그리고 또 한 발 나아가는 것이다. 정리하고 계획하되, 계속 앞으로 나아가야 한다. 작가들이 흔히 말하듯, 글을 잘 쓰는 방법은 그저 글을 쓰는 것이다. 친구들에게 글에 대해 말해주거나 블로그에 글을 올린다고 말만 해서는 안 된다. 글쓰기와 마찬가지로 공부도 실제 행동에 옮기는 것이지, 그저 머릿속에 정리하고 계획하는 것이 아니다. 결국, 작은 발걸음을 하나씩 이어나가는 것이다.

현실은 또한 인간의 본성을 거스르는 것이 아니라, 인간의 본성에 맞게 어울려야 하는 문제이다.

휴식은 반드시 필요하다. 먹을 시간, 잘 시간 말이다.

인간의 본성을 거스르는 것은 부질없는 짓이다. 그러니 먼저 자신을 생각하고 자신이 인간이라는 현실을 기억하며 공부해라. 온종일 침대에서 시간을 보내는 것은 잘못이지만 잠을 자지 않으려고 하는 것 또한 잘못이다. 계획적으로 휴식하고 먹고 자고 명상하고 운동하고 무언가를 즐기는 등 인간의 본성에 맞게 최적의 상태를 유지하는 것이 지혜로운 방법이다. 온종일 움직이지 않고 방 안에 갇혀 공부만 하는 사람은, 제때 휴식을 취하고 충분한 운동을 하고 충전한 상태로 돌아와 다시 공부하는 사람만큼 제대로 생각하거나 배울 수 없다. 한 시간의 휴식, 질 좋은 수면, 하루의 쉼이라는 개념은 보편적이면서도 당연한 것이다. 이것이 공부할 때도 일할 때도 최상의 결과를 가져오는 비결이다. 자신의 욕구와 자신의 생물학적 구조와 기능을 이해해야 한다. 어떤 사람은 이른 아침에 공부가 잘된다. 그러면 아침에 공부해야 한다. 어떤 사람은 늦은 밤에 공부가 잘된다. 그러면 밤에 공부해야 한다. 우선 자신을 잘 알아야 한다. 자신에게 집중하고, 배운 대로 행동해야 한다.

아마 말하기는 쉬워도 실천하기는 쉽지 않은 마지막

한 가지를 제안한다면, 그것은 바로 명상이다. 명상하고, 명상하고, 또 명상하라. 현실에 귀 기울이고, 사소한 문제, 잡다한 생각, 쓸데없는 두려움을 버려라.

현재, 그리고 존재에 주목해라.

책상 정리가 문제가 아니라,
마음 정리가 문제이다.

Kevin
Roberts

케빈 로버츠

케빈 로버츠는 국제적인 사업가이자 컨설턴트이며 교육자이다. 그의 회사 레드 로즈 컨설팅(Red Rose Consulting)은 비즈니스 종사자들에게 창의적인 사고와 마케팅, 리더십에 관해 조언하고 있다. 케빈은 매리퀀트(Mary Quant), 질레트(Gillette), 포록터 앤갬블(Procter & Gamble), 펩시콜라(Pepsi-Co), 라이온 네이션(Lion Nathan), 사치앤사치(Saatchi & Saatchi), 퍼블리시스 그룹(Publicis Groupe) 등에서 세일즈와 마케팅 리더로 일했다. 케빈은 18개 언어로 번역, 출간된 《러브마크 : 브랜드의 미래(Lovemarks: The Future Beyond Brands 와 64 Shots: Leadership in a Crazy World)》 등을 포함한 다수의 베스트셀러 저자이기도 하다.

케빈은 랭커스터대학교 창조적 리더십 과정의 명예교수, 뉴질랜드 오클랜드 경영 대학원 창조 혁신 과정의 명예교수, 캐나다 빅토리아 경영대학원 혁신적 리더십 과정의 명예교수이기도 하다. 그는 뉴질랜드 럭비 연합 이사, 미국 럭비 협회 회장을 역임했다. 또한 뉴질랜드 축구협회와 아메리카컵 챌린지 뉴질랜드 팀 이사로도 활동했다. 현재는 영국 슈퍼마켓 체인 Booths와 호주 The Herdy Company를 위해 일하고 있다.

모든 것은 목적을 가지고 시작해야 한다

목적지를 모르면, 눈앞에 열려 있는 수없이 많은 길 앞에서 헤매게 된다. 유럽 축구를 대표하는 맨체스터 시티의 코치 펩 과르디올라는 에티하드 경기장에 있는 그의 사무실에 카탈로니아어로 적혀 있는 화이트보드를 걸어두고 있다.

"무엇을 할지를 알아야만 어떻게 할지가 정해진다."

이 말처럼 공부의 첫걸음도 내가 누구인지, 왜 공부

해야 하는지, 무엇을 위해 공부하는지 깨달아야 하고 그래야만 그 방법을 알 수 있다.

성공한 사람들이 어떻게 해야 공부를 잘할 수 있는지에 대해 좋은 말을 해줬을 테니, 나는 방법론보다는 무엇을 공부하고, 왜 공부해야 하는지에 초점을 맞춰볼까 한다.

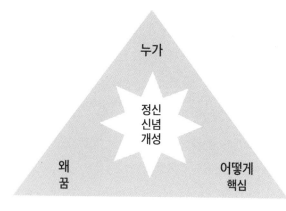

우리 인생의 목적은, 바로 인생의 목적을 찾는 것이다. 개인의 삶의 목적은 행복하고 풍요로운 삶을 증진시키는 기초가 된다. 개인의 삶의 목적은 다음과 같이 당신을 돕는다.

◆ **삶의 목적** Personal Purpose

영감을 주는 꿈 Inspirational Dream

정신적인 부분 Spirit

신념 Beliefs

개성 Character

핵심 Focus

최선의 선택을 할 수 있다.

능력을 향상시킬 수 있다.

즐거움이 배가 된다.

삶의 목적을 찾으면 실행력, 결단력, 자존감이 강화
된다.

삶의 목적은 183쪽의 표처럼 한 장에 정리할 수 있다.
'삶의 목적' 표를 완성하는 방법은 다음과 같다.

• 영감을 주는 꿈 : 열정적인 포부

　의미, 의도, 방향성이 정확해야 함

　어떻게 차별화할 수 있는가를 설명해야 함

　모든 노력을 평가할 수 있는 기준이어야 함

　특별하고, 창의적이고, 단순하면서도 강력한 것이어야 함

　수치로 측정할 수 없는 것이어야 함

• 정신적인 부분 : 우리의 DNA, 우리를 살아가게 만드는
　힘은 무엇인가?

　감정에 활기를 불어넣어 주는 것

나는 누구인가? 자신을 정의할 수 있는 것

어디에도 잘 어울릴 수 있는 자기만의 매력

자신만이 가진 특별한 것

- 신념 : 자신, 가족, 친구를 위한 변함없는 가치에 대한 신념과 이유 8가지

  인생의 가치로 삼는 것

  존경심을 불러일으키는 것

  영감을 불러일으키고, 믿음을 주며, 인상적이고, 진실한 것

- 개성 : 자신의 성격을 8가지 형용사로 표현

  위에는 당신의 매력적이고 핵심적인 외모 특징

  아래는 당신의 기본적이고 본질적인 성격 특징

  진정성 있게 엄선되고 독특한 자기 모습

  25% 정도는 되고 싶은 자기 모습에 대한 열망 또는 포부

- 핵심 : 무엇을 할 것인지 동사로 표현

  영감을 주고 진취적이며, 기억에 남도록 단순하게 표현하기

  꿈을 이루기 위해 매일 할 수 있는 방법

인생의 목적을 잘 설정하고 어떤 방향으로 나아갈지에 대해 판단이 서면, 인류가 영원불변으로 지켜온 '3가지의 힘 The Power of Three, 인류와 함께해온 위대한 요소들은 대체로 3가지로 구성되어있음을 뜻한다. 예를 들면 성부, 성자, 성령을 학습 방면에도 활용해보자.

집중, 헌신, 규율
야망, 믿음, 용기

이것들을 아래의 여섯 가지 P를 바탕으로 실행한다.

적절하게 Proper   준비하면 Preparation
막아 준다 Prevent   꽤 Pretty
좋지 못한 Poor   상황을 Performance

자, 행복한 공부를 위하여!

보충
학습

결국, 최고의 공부법은 예습과 복습이다

앤서니 아탈라 Antony Atala

◆ 앤서니 아탈라는 조직공학 분야의 획기적이고 선도적인 전문가이자 의학 박사이다. 노스캐롤라이나 웨이크포레스트 의과대학 학장이며, 웨이크포레스트 재생의학연구소 교수 겸 소장이다. 그는 인간 세포, 조직 및 장기를 성장시키는 데 초점을 맞춘 재생의학 기술의 임상 번역의 선구자로 세계적인 찬사를 받고 있다. 그는 최초의 3D 바이오 프린터의 창시자이며, 자신이 이끄는 팀과 함께 인간에게 이식할 최초의 실험실 배양 장기를 개발했다. 그는 조직공학 및 재생의학 국제 학회(TERMIS)의 창립 회원으로 공로상을 받았으며, 그가 가진 국제 특허도 무려 250개가 넘는다.

나에게 도움이 된 공부 방법은 수업 시간에 배울 것을 바로 전날 예습하는 것이었다. 수업 시간에 들을 때는 이미 익숙해져 있으므로 선생님이 하는 말을 더 잘 흡수할 수 있었다. 특히, 어려운 법칙을 처음 맞닥뜨리면, 어느 정도 익숙해져 있기 때문에 이해하는 것이 더 쉬웠다. 수업이 끝난 후에는 그날 선생님이 가르쳐준 내용을 복습하고 다음 수업 전에 그다음 내용을 준비한다. 나는 매번 수업 전에 이렇게 예습하고 복습하기를 반복했다.

시험 볼 때가 되면 그런 예습과 복습 과정 덕분에 내용이 매우 익숙했고 그러면 A 학점을 받는 것이 가능했다. 나는 우리 아이들을 비롯하여 많은 사람에게 이러한 공부 방법을 알려줬다.

나는 이러한 공부 습관을 학교 다니는 내내 유지했고, 특히 의과대학에 들어간 뒤에 큰 도움이 되었던 것 같다. 당연히 연구하는 데도 마찬가지였다. 이미 발표된 다수의 연구 논문들을 검토하고 흡수하는 데 필요한 이런 기능은 나뿐 아니라 우리 연구팀이 재생의학 분야에 진출하는 데 많은 도움이 되었다.

공부하기 전에 잠시 낮잠을 자라

다니엘 윌 해리스 Daniel Will-Harris

◆ 다니엘 윌 해리스는 세계적인 베스트셀러 작가이다. 그의 책은 30만 부 이상 팔렸으며 3편의 영화로 제작되기도 했다. 케네디 센터, 엔젤스 극장, 런던 배우 센터에서 연극을 제작하여 올리기도 했다.

우리는 뇌가 과부하에 걸리기 직전까지 밀어붙이는 경향이 있다. 일반적으로 두 시간 정도 지나면 우리 뇌는 꽉 차게 된다^{최소한 집중력은 떨어진다}.

약 20분간의 짧은 낮잠은 뇌에 리셋 버튼을 누르는 것과 같은 효과를 낸다. 일어나서 물을 마시고 약간의 간식을 먹는다면 뇌와 몸이 다시 회복되어 새로운 정보의 입력이 가능해질 것이다.

보충학습

나는 이런 낮잠의 효능을 알고 있음에도 여전히 '온몸을 쥐어짜고' 있는 나를 종종 발견한다. 항상 느끼지만 그럴 때는 시간만 보내고 제대로 하는 것이 없었다. 뇌가 정지된 듯 느껴지면 나는 바로 눕는다. 그러고 나면 바로 낮잠의 효능이 나타난다!

스마트 기기를 활용한 업무관리 시스템을 만든다

마이클 그레거 Michael Greger

◆ 마이클 그레거는 미국 라이프스타일 의과대학의 창립 멤버이자 내과 의사이며 세계적으로 인정받는 영양학 전문가이자 작가이기도 하다. 100만 부 이상 팔린 《How Not to Die》를 비롯한 3권의 책 모두 《뉴욕타임스》 베스트셀러가 되었다. 2020년에는 《팬데믹에서 살아남는 법》과 《다이어트하지 않는 법》을 집필했다. 그는 책 판매로 받은 모든 수익금을 자선단체에 기부한다.

나에게 가장 도움이 되었던 것은 업무관리 시스템을 도입한 것이다. 이것은 업무를 제대로 파악해서 우선순위를 정해 진행할 수 있게 했으며, 사전에 검토하고 목표를 설정할 수도 있게 했다. 공공도서관에 가서《끝도 없는 일 깔끔하게 해치우기 Getting Things Done 》를 읽어보길 권한다. 나는 맥북에 있는 'Things'라는 소프트웨어로

보충학습

업무관리 시스템을 만들어 사용하지만, 다른 무료 앱도 여기저기 많이 있다. 뭔가 머릿속에 명확히 하고 싶은 것이 있으면 바로 애플워치를 통해 저장한다. 그러면 애플워치가 내 휴대전화와 컴퓨터에 깔린 Things에 전달한다. 그러니 책이나 영상에 대한 아이디어, 쇼핑 리스트, 누군가에게 할 말을 저장할 일이 있을 때마다 나는 그것을 따로 적어둘 필요가 없고, 순간 기억하려고 했던 것을 잊어버리는 황당한 경우를 겪지 않게 된다. 이렇게 하면 지금 당장 관계없는 일들을 빠르고 정확하게 저장하거나 보류할 수 있어서 지금 하는 일에만 집중할 수 있게 된다. 밤에는 아마존 에코닷Echo Dot을 통해 동일한 설정을 하므로 "에코, 내 할 일 목록에 추가해 줘!"라고 말하면 된다. 이렇게 언제 어디서든 내 생각을 모아서 정리하고, 필요한 상황에서 그것들을 활용하면 내가 하는 일에, 심지어 잠잘 때도 거기에만 집중할 수 있게 된다.

쉼이 필요하다

스테판 사그마이스터 Stefan Sagmeister

◆ 스테판 사그마이스터는 그래픽 디자이너이자 타이포그래퍼이다. 그래미상을 두 번 수상했으며, 거의 모든 중요한 디자인상을 받았다. 그의 전시회 〈The Happy Show〉는 전 세계적으로 50만 명 이상의 방문객을 끌어모았고, 역사상 가장 많은 방문객이 방문한 그래픽 쇼가 되었다. 롤링스톤스, 구겐하임 박물관 등과 작업하였으며, 아모레 퍼시픽의 '라네즈 워터뱅크 에센스'를 디자인했다.

　지금까지 내 삶에 다시 불을 붙여 열정을 달아오르게 한 최선의 전략은 안식년을 갖는 것이었다. 나는 7년마다 안식년을 갖고 그 안식년을 위해 내가 좋아하는 것들의 목록을 작성한다.

　안식년이 다가오면 나는 그 목록을 꺼내 경중에 따라 시간별로, 주간별로 계획을 세운다. 중요한 것은 주당

보충학습

5시간씩, 덜 중요한 것은 주당 1시간씩 할당한다. 이는 매우 효과적이었고 안식년으로 들어가기 전 3~4개월 동안 나는 많은 프로젝트를 수행하면서도 콧노래를 부를 수 있었다.

나는 지금 어떤 고객의 일도 하고 있지 않지만, 이상하게도 내가 하고 싶은 것을 위해 안식년 이전보다 뉴욕 스튜디오에서 더 많은 시간을 일하고 있다. 물론 다른 사람들에게 이래라저래라 할 위치에 있는 것은 아니지만, 이렇게는 말할 수 있다. 나는 안식년을 가져본 수십 명과 대화를 해봤다. 부자든 가난한 사람이든, 혼자 살든 가족이 있든 모두가 한결같이, 안식년을 가진 것이 그들의 인생에서 가장 잘한 일 중 하나라고 말했다.

안식년은 내게 있어, 내 직업이 내 소명이고 그저 밥벌이 수단이 아님을 일깨워주는 시간이었다.

좌뇌가 하는 일을 우뇌로 전달하라

제임스 크로크

 우리 뇌에는 과부하를 담당하는 관리자가 있는데, 그것의 기본적 역할은 우리 몸 전체 시스템에 영향을 미치는 수천 개의 이미지와 청각적 신호, 그리고 감각적 데이터를 빠르게 처리하는 것이다. 그렇다면 폭포수처럼 흘러넘치는 많은 데이터 중에서 어떻게 무언가를 선택하고 기억할 수 있는 걸까?

 업무상 처음 만나는 사람의 이름을 듣고 금세 잊어버리는 것만큼 당황스러운 일은 없을 것이다. 우리는 왜 2~3분도 안 되는 짧은 시간에 간단한 단어조차 잊어버리는 걸까? 그것은 그들의 이름 자체가 공중에 떠버려 그 어떤 이미지나 아이디어로 연결되지 않기 때문이다.

다시 말해, 우리 뇌의 관리자가 고속도로에서 순식간에 지나가는 교통 표지판처럼 기억 밖으로 던져버리는 것이다.

제대로 기억하기 위해 다양한 방법으로 이름을 반복해서 중얼거리면, 뇌는 곧바로 무슨 일이 시작되려나 보다 하며, 그것을 사소한 기억의 저장소에서 꺼내 불러오게 된다. 어제 나는 업무상 노엘Noelle이라는 이름의 여성을 만났는데 업무상 같이 일해야 할 네 명 중 한 명이었다. 그녀는 미팅에서 그리 중요한 역할은 아니었지만, 그 미팅에서 새로운 업무를 배정받았고, 조금 나이가 있어 보이는 외모에 소심한 성격인 듯 보였다. 나는 그녀를 제대로 기억하려고 속으로 이름을 되뇌었고, 우뇌, 즉 시각을 담당하는 뇌 쪽으로 정보를 보냈다. 발음이 크리스마스 캐럴 〈노엘Noel〉처럼 들렸기 때문인지는 몰라도, 나는 그녀가 크리스마스트리처럼 키가 크고 과묵하게 느껴졌다. 왜 '과묵'이냐고? 지금은 7월 여름이고 아무도 캐럴을 부르는 사람은 없을 테니, 그런 생각이 들었다. 세 시간쯤 후에 이사님이 그녀를 가리키며 "연락은 이분과 하세요"라고 말했다. 나는 그녀에게 다가가, 마음속으로 '저기, 크리스마스트리 님, 7월에는 분위기 상 노엘~ 노엘~ 하고 노래를 부르기란 어렵겠죠'라고 생각했지만, "노엘, 당신과 일하게 돼 매우 기대가 큽니다"라고 말했다. 그러자 회의 내내 존재감이 없던 그녀가 살짝 웃음을 지어 보였고, 나는 그렇게 하여 그 이름을 생생하게 기억하게 됐다. 확신컨대, 이 부분이 앞으로 그녀와 함께 일할 때 서로에게 긍정적인 부분으로 작용할 것이다.

많이 알려진 것처럼 좌뇌는 언어와 계산 등을 담당하고, 우뇌는 시각을 담당하는데, 이것은 예술적 감각과 관련되어 있다. 오른쪽 뇌, 왼쪽 뇌 모두 기억을 저장하기 때문에 매우 전략적이다. 말하자면 두 개의 뇌가 배우는 능력은 같아도 방법은 다른 것이다. 나에게는 개인적으로 이름을 이미지화해 외우는 등 우뇌를 활성화해 공부하는 것이 잘 맞는다. 나처럼 공부할 때 '이미지를 떠올리는' 방법은 세간에도 많이 알려져 있다.

공간적 감각, 또는 우뇌의 활성화 방법에 관한 연구 결과를 토대로 한《우뇌에 그리는 것 Drawing of the Right Side of the Brain》이라는 책은 출간 당시 큰 사회적 반향을 일으켰다. 방법은 간단하다. 좌뇌를 지치게 해서 그것이 담당하고 있는 기능을 닫고, 우뇌의 기능을 여는 것이다. 어떤 시대의 미술가들은 얼굴에서 인중같이 크게 중요하지 않은 부분을 아주 천천히 그리도록 교육받았다고 한다. 그 과정에서 좌뇌가 지쳐 감각 데이터를 우뇌로 넘겨버리면, 그들이 그리고 싶어하는 이미지가 떠오르게 되는 것이다.

음악인들 사이에서도 비슷한 방법이 사용되는데, 이 방법은 협주곡을 연주하기 위해, 수천 개의 음을 특정 순서로 기억해야 할 때 유용하다. 초견初見, sight read it, 악보를 보면서 연주하는 것 또는 악보를 중심으로 연습하는 방법. 마치 배우들이 대사를 외우기 전에 대본 리딩을 하는 것과 비슷하다으로 연습을 시작하지만, 이는 좀처럼 잘 외워지지 않는다. 대신에 메트로놈을 아주 느리게 맞추고 가장 빠른 16분음표를 1초에 치도록 하면 좌뇌가 지쳐서 우뇌에 일을 넘긴다. 연주자가 연습을 계속하면서 메트로놈 속도를 한 단계씩 올린다. 곡이 제 속도를 찾게 되면 연주자는 비로소 그것이 자기 것이 된다고 한다. 피아니스트가 오케스트라와 협연할 때 1초에 10개의 건반을 치며 15분 동안 연주하는 놀라운 광경을 본다면 이는 바로 우뇌가 하는 일이다.

　최근에 나는 해마다 하는 건강검진의 일환으로 기억력 및 학습 능력 테스트를 했다. 스크린에 44개의 단어가 두 개씩 짝을 지어 한번에 나타난다. 나중에 한 개의 단어가 나타나면 그 짝을 찾는 것이다. 이것은 분명히 좌뇌의 언어 테스트이지만, 나는 우뇌를 사용하여 맞췄다. '작가/머리카락', '거위/정원', '항해/고양이' 같은 조합이 거의 1초 만에 지나갔지만, 나는 그 순간을 놓치지 않고 우뇌를 활성화해 이미지를 만들었다. 각각 '자기 머리카락을 쥐어뜯는 작가', '정원을 엉망으로 만드는 거위', '항해하는 보트 위에서 덜덜 떠는 고양이' 등으로 이미지화했다. 전체 평균은 45%, 내 나이 평균은 43%인데, 나는 74%나 맞췄다. 나 같은 경우에는 굳이 좌뇌를 지치게 해서 우뇌를 활성화할 필요도 없이, 평소 몸에 밴 습관처럼 항상 우뇌가 열려 있었기 때문에 가능했던 일이다.

　언어를 배우는 과정에서 새로운 단어가 나타날 때, 우뇌가 개입하면 더 효과적으로 공부할 수 있다. 외국어를 배우는 지름길은 그 언어를 사용하는 나라에서 사는 것임은 누구나 아는 사실이지만, 여러 가지 이유로 그런 경험을 하기는 쉽지 않다. 언어학적 이론에서 보자면 아기들은 사람들의 소리를 듣기는 해도, 특정한 반응이 있을 때 비로소 소리를 낸다고 한다. 아기들이 가장 먼저 하는 말은 "내 것"과 "아니" 같은 단어들인데 그 말끝에 어른들이 반응해 주목하면, 그때 아기들은 두 개의 소리가 자기 공간에 영향을 미칠 수 있다는 것을 알게 된다.

나는 요즘 스페인어를 배우느라 바쁘다. 실제로 스페인에서 한 달을 쭉 보내기도 했다. 스페인에 있으면서 현지인과 대화하기 위해 휴대폰 안에 있는 번역기를 사용해 문장을 만들어 사용하곤 했다. 그렇게 하면 휴대폰에서 나오는 번역기의 음성이 뇌에 박힌다. 이것을 좌뇌만 이용해 동사 변화를 달달 외우던 옛 학창 시절 공부법과 비교해보라. 일단 시험을 보고 나면 다 잊어버리지 않았던가!

우뇌를 작동시키면 단어, 날짜, 이름 등 엄청난 양의 데이터를 기억할 수 있다. 천천히 읽으면서 사건이 일어난 날짜를 시각적 이미지와 연결시켜보면 얼마나 잘 기억할 수 있는지, 얼마나 공부가 잘되는지 놀라게 될 것이다. 이렇듯 좌뇌가 해야 할 일을 우뇌로 전달하는 방법을 한번 시도해보라. 이것이 공부에 대한 나의 조언이다.

보충학습

작은 행동 하나로 슬럼프에서 벗어날 수 있다

체스터 엘튼 Chester Elton

◆ 체스터 엘튼은 오늘날 직장인들 사이에서 가장 영향력 있는 목소리를 내는 사람 중 하나로, 20년간 직장인들이 전략과 비전과 가치를 가지고 직무를 효과적으로 수행하도록 돕는 일을 해왔다. 캐나다의 《글로브 앤 메일(Globe and Mail)》은 그를 "감사의 사도"라고 평했고, 《뉴욕타임스》는 "창의적이고 참신하다"고 했으며 CNN은 그의 책에 대해 "현대 경영인들이 반드시 읽어야 할 책"이라고 호평했다. 그는 《뉴욕타임스》에서 다수의 상을 수상했으며, 《월스트리트 저널》에서 베스트셀러 리더십 관련 도서 1위로 선정된 《올인(All In, The Carrot Principle, The Best Team Wins)》의 공동 저자이기도 하다. 그의 책들은 20여 개의 언어로 번역되어 전 세계적으로 150만 부 이상 판매되었고 《월스트리트 저널》, 《워싱턴 포스트》, 《패스트 컴퍼니》, 《뉴욕타임스》 등에서 자주 인용되고 있다. 그는 많은 방송에 출연하고, 유수의 기업들을 위한 리더십 컨설턴트 역할을 수행하고 있다.

인생의 불청객, 슬럼프와 우울감의 상태를 직시해야 한다. 우리 모두 인생에서 생산성과 열정이 바닥을 보일 때가 있을 것이다. 아무것도 손에 잡히지 않고 무엇도 제대로 하지 못하는 시간이 때로는 며칠, 때로는 몇 주, 심지어 그 이상 지속되기도 한다. 이럴 때 일이 지루하다거나 식상한 느낌이라면 그나마 다행이지만, 제일 안 좋은 건 아예 침대 밖으로 나가기 싫을 때이다.

그렇다면 어떻게 슬럼프에서 빠져나와 인생을 의미있게 만들어갈 것인가? 매일매일을 생산적으로 살 수 있게 도와주는 나만의 8가지 규칙을 소개해보고자 한다. 그것들은 나의 기분이 어떻든 간에, 나를 계속 나아가고 몰입할 수 있게 만드는 영적, 정신적, 육체적 그리고 사업적 목표의 조합이다.

전날 밤에 계획을 세운다

잠자리에 들기 전, 다음 날 어떤 일이 있을지 잠깐 생각해본다. 일찍 일어나 충만한 에너지로 새로운 날을

보충학습

시작하는 것이 왜 중요한지 머릿속에 그려보는 것이다. 짧은 시간이지만 미리 생각해봄으로써 스트레스를 줄이고 삶의 목적과 동기를 얻을 수 있다.

또한 하루를 마무리하는 시간에 감사 노트를 꺼내 그날 있었던 일들 중에 감사한 느낌이 드는 것 3가지를 적는다. 날씨가 좋았던 것에 대해 써도 좋고, 친구와 즐겁게 대화한 것, 지금 읽고 있는 책에 대한 감상, 우연히 누군가에게 행한 선한 일에 대해 써도 좋다. 이런 단순한 루틴이 잠자기 전의 내 생각을 긍정적인 방향으로 이끌 수 있다.

좋은 에너지를 갖고 일찍 시작한다

여러분이 재택근무를 하거나 오전 늦게까지 회의나 공식적인 업무 일정이 없다고 하더라도 무조건 일찍 일어나서 부지런히 움직이는 게 중요하다. 나는 오전 6시 20분 이후로는 알람을 맞춰둔 적이 없다. 슬럼프에서 벗어나는 가장 좋은 방법이 오랜 시간 푹 자는 것이라고 말하는 사람들이 제일 안타깝다. 그런 함정에 빠지지 말자.

나는 매일 기도로 하루를 시작한다. 이 시간은 명상과 더불어 나를 창조하신 분께 감사를 드리는 시간이다. 내 친구들 중에는 각각 다른 신앙을 가진 사람도 있지만, 삶의 행복감을 느끼는 친구들은 시간을 정해 명상하고 기도하고 반성하는 친구들이다. 이 시간은 하루 종일 집중하고 애써야 하는 폭풍 같은 시간이 들이닥치기 전에 숨을 고르는 '쉼표의 시간'이다.나는 하루를 마무리할 때도 기도의 시간을 갖는다.

성장을 위해 읽는다

나는 매일 내가 존경하는 리더의 글이나 내가 관심 있는 분야에 대한 글을 읽는다. 중요한 것은 그 내용이 긍정적이어야 한다는 것이다. 휴대폰을 열면 온갖 부정적인 뉴스들이 올라와서 뜻하지 않게 세상의 무거운 짐을 어깨에 지고 하루를 시작해야 할 때가 많지만, 나는 그렇게 되지 않으려고 긍정적인 메시지로 마음을 가다듬는다. 다시 말해, 북한이나 중동 문제와 같이 내가 손을 쓸 수 없는 세계 정세나, 내가 좋아하는 스포츠 팀이 지고 있는 등의 부정적인 소식들로 내 마음을 채울 필요는 없다. 우리가 사용하고 있는 전자 기기 덕분에 좋아하는 저자의 책을 쉽게 찾아 읽을 수도 있고, 손쉽게 링크로 들어가 사기를 진작시켜주는 글들을 많이 접할 수도 있어 무척 감사하다.

몸을 단련한다

나는 하루에 1만 보를 걷거나 뛰는 것을 목표로 잡았다. 내 휴대폰은 내 모든 움직임을 파악해 차 없이 걸어다닐 것을 권유하고, 체육관에 가서 운동을 하거나, 공원에서 달리기를 하도록 한다. 한번은 앱을 켜놓은 상태로 전화 회의를 하면서 걸었더니 뭔가를 느낄 세도 없이 4천 보를 걸은 기록이 남기도 했다. 반대로 너무 오래 앉아 있을 때, 나는 내 마음도 역시 주저앉아 있다는 것을 발견했다.

규칙적으로 일어나 움직이는 것도 슬럼프에서 벗어날 수 있는 매우 좋은 방법이다.

잘 먹는다

나는 남들이 평생 동안 탈 비행기를 몇 개월에 다 타는 것 같다. 그렇기 때문에 때로는 제대로 먹지 못하는 경우가 많다. 그래서 내 몸속으로 무엇이 들어가는지 특별히 신경 써야 한다는 것을 알게 됐다. 나는 주로 바나나, 얼린 과일, 아몬드 밀크를 탄 단백질 셰이크를 아침식사로 먹으며 하루를 시작한다. 낮 시간 동안에는 단것과 스낵류 등을 경계하려고 한다.

중요한 점은, 자신에게 맞는 먹거리를 찾되, 내 몸속에 어떤 연료를 넣을지 항상 신경 써야 한다는 것이다. 특히 슬럼프에 빠져 있을 때는 더욱 그렇다.

미팅을 철저히 준비한다

이러한 운동, 식습관, 읽기 및 멘탈 관리는 사업 파트너와 클라이언트를 만날 때, 그리고 나 자신을 최상의 모습으로 보이고 싶을 때 주로 하는 노력들이다. 나는 하루 전날 모든 전화 업무와 미팅을 검토하고 사전에 준비할 시간이 있는지를 확인한다. 전화로 상담하거나 회의에 들어가기 전에 5분 정도만 준비하면 자신감을 크게 높일 수 있다.

고객 명단을 작성해서 전날 밤에 확인한다. 이러한 준비 자세가 하루 동안 받을 스트레스를 많이 줄여준다는 것을 알게 될 것이다.

일기를 쓴다

나는 가급적 매일 일기를 쓰려고 한다. 스포츠나 영화를 관람한 후에는 반 잘린 입장권을 기념으로 붙여놓기도 하고, 사진을 붙여놓거나 감사 메모를 적어두

기도 한다. 만년필을 사용하면 마음이 차분해져 더욱더 신중함을 기할 수 있다.

일기를 쓰는 동안 하루를 되돌아보면서, 잘된 일과 더 집중할 필요가 있는 일이 무엇인지를 살펴본다. 무언가를 적는다는 것은 심리치료 효과도 있다. 그것은 지난 시간을 돌아보게 하고 깊이 생각할 수 있는 기회를 준다. 그렇게 한 해를 마무리할 때 일기를 쭉 들여다보면서 그동안 내가 만난 사람들과 겪었던 일들을 되돌아보게 된다. 내 일기에는 긍정적인 이야기로 가득한데, 언젠가 내 아이들이 이것을 읽으면서 뭔가를 얻어갈 수 있기를 기대한다.

만약 일기를 쓰고 있지 않다면, 지금 바로 일기장을 사기 바란다. 글을 쓰며 자신을 되돌아보는 조용한 그 시간이 하루를 얼마나 성실하게 살게 하고 가치 있게 만드는지를 알게 될 것이다.

보충학습

편지를 쓴다

솔직히 나는 편지를 매일 쓰지는 않지만 오래 사귄 친구나 동료, 직원의 아이들에게 일주일에 몇 차례 편지를 쓰곤 한다. 좀 구식이기는 하지만, 우체통에서 편지를 꺼내는 일은 무척 행복한 일이다. 이메일이나 SNS 상의 문자 말고, 매우 개인적인 내용을 손으로 꾹꾹 눌러 쓴 편지 말이다. 어떤 의미에서 편지는 누구의 방해도 받지 않는 대화이고, 많은 사람들은 편지처럼 개별적이면서 정감이 묻어나는 방식에 더욱 고마움을 느낀다.

편지를 써보라. 상대가 얼마나 고마워하는지 놀라게 될 것이다.

여기까지가 슬럼프에서 빠져 나오기 위해 내가 지키는 나만의 원칙들이다. 인생은 녹록지 않지만, 이런 작은 행동 하나하나가 매일의 삶을 조금 더 매끄럽고 환하게 만든다고 나는 믿는다.

행운을 빈다.